Uwe Schreiber

Würzburg und sein Ratsherr Tilman Riemenschneider

Uwe Schreiber

Würzburg und sein Ratsherr Tilman Riemenschneider

Eine Stadt und das Leben in einer faszinierenden Epoche (1504 bis 1525)

echter

Der Umwelt zuliebe verzichten wir bei diesem Buch auf Folienverpackung.

Bibliografische Information der Deutschen Nationalbibliothek
Die Deutsche Nationalbibliothek verzeichnet diese Publikation in der Deutschen Nationalbibliografie; detaillierte bibliografische Daten sind im Internet über ‹http://dnb.d-nb.de› abrufbar.

1. Auflage 2023

www.echter.de

Umschlag: Vogelsang Design, Jens Vogelsang, Aachen
Innengestaltung: Crossmediabureau
Druck und Bindung: booksfactory.de

ISBN 978-3-429-05820-3

Inhalt

Einleitung

Dieses Buch lädt dazu ein, einen Gedankensprung um rund 500 Jahre zurück in „unser" Würzburg zu machen, als das 15. zum 16. Jahrhundert wechselte. Es war die Zeit des Übergangs zweier Zeitalter, von dem oft als „dunkel" verschrienen Mittelalter zur frühen Neuzeit. Eine fantastische Zeitepoche, aufregend, spannend, umwälzend.

Christoph Kolumbus hatte 1492 „Westindien", Amerika, entdeckt und damit die Erkundung, Erschließung und Eroberung einer neuen Welt den Boden bereitet. Fünf Jahre später fand Vasco da Gama den Seeweg nach Indien, nachdem er es geschafft hatte, die Südspitze Afrikas, das Kap der Guten Hoffnung, zu umschiffen. Und wieder 13 Jahre danach gelang Fernando Magellan die erste Weltumseglung. Die Welt war plötzlich viel größer geworden.

Das „Zeitalter der Entdeckungen" war auch das „Zeitalter der Erfindungen". Schon Mitte des 15. Jahrhunderts hatte Johannes Gensfleisch, genannt Gutenberg, in Mainz mit seiner epochemachenden Erfindung des Buchdrucks mit beweglichen Lettern die Medienwelt revolutioniert. In Nürnberg baute Martin Behaim den ersten Globus, Peter Henlein die erste Taschenuhr. Später kamen weitere Erfindungen hinzu wie zum Beispiel das Mikroskop und das Thermometer.

Das heliozentrische Weltbild löste das ptolemäische ab, das über eintausend Jahre gegolten hatte. Aufgrund der Forschungen des Nikolaus Kopernikus musste man nach und nach akzeptieren, wobei sich insbesondere die Kirche schwertat, dass nicht die Erde, sondern die Sonne den Mittelpunkt der Planetenbahnen bildet und die Erde als Planet um die Sonne kreist. Vor Kepler hatte schon Johannes Müller, der sich nach seinem Geburtsort Königsberg im heutigen Landkreis Haßberge Regiomontanus nannte, mit seinen Berechnungen der Planetenbahnen Vorarbeiten geleistet.

Von Italien her drangen ein völlig neues Denken, Lebensgefühl und vor allem ein gänzlich anders Menschenbild über die Alpen nach Norden. Der Humanismus brachte den Fürstenhöfen, dem Adel und dem reich gewordenen Patriziertum eine feinere, an der Antike orientierte Bildung. Persönlichkeiten wie der „gelehrteste Mann Europas", Erasmus von Rotterdam, aus Franken der Reichsritter Ulrich von Hutten, Conrad Celtis aus Wipfeld bei Schweinfurt und der Nürnberger Willibald Pirckheimer seien beispielhaft für die Vertreter der neuen Geisteshaltung genannt. Hand in Hand mit den Idealen des Humanismus eroberte auch ein imponierender neuer Kunststil in Malerei, Skulptur und Architektur, ebenfalls von Italien, der Stadt Florenz ausgehend, die Länder nördlich der Alpen. Die Renaissance, die Wiederentdeckung des Altertums, löste die Gotik, die das Spätmittelalter beherrschende Kunstform, ab. Sie wiederbelebte die antike Formen- und Gestaltenwelt und den im Mittelalter verpönten menschlichen Akt. Die Werke eines Leonardo da Vinci, Michelangelo, Raffael und Tizian begeisterten die Menschen.

Und schließlich brachte ein Ereignis zu Beginn der frühen Neuzeit eine weitere bis heute nachwirkende Umwälzung. Die Reformation durch Martin Luther und seine Mitstreiter, die die Allmacht und Einheit der (katholischen) Kirche erschütterte und schließlich sogar zur Spaltung des westlichen Christentums führte.

Von diesen Entwicklungen noch weitgehend unberührt, lebten, arbeiteten und starben die Menschen um das Jahr 1500 in der Stadt am Main. Eine umfassende Darstellung der gesamten städtischen Verhältnisse würde den Rahmen dieses Büchleins sprengen. Aber es soll den geneigten Leserinnen und Lesern zunächst mit einigen ausgewählten Schlaglichtern ein kleiner Einblick gegeben werden, wie die Stadt seinerzeit aussah. Wieviele Menschen wohnten in ihren Mauern und in welchen Vierteln? Wie sahen die Wohnhäuser aus, in welchem Zustand waren die Straßen, die allesamt die Bezeichnung „Gassen" trugen? Wie versorgten sich die Bewohner mit Trinkwasser? Auf welche Weise wurde das Abwasser beseitigt, und wie schützte man sich sowohl vor verheerenden Bränden als auch vor Feinden? Wer hatte überhaupt das „Sagen" in der Stadt?

Zum andern lebte und wirkte zu dieser Zeit in der Stadt Würzburg der „ehrsame und kunstreiche Bildhauer und Bildschnitzer und Bürger zu Würzburg",[1] Tilman Riemenschneider. Die von ihm geschaffenen, mittlerweile weltberühmten Kunstwerke wurden schon in zahlreichen Büchern, Aufsätzen und Einzelobjektbetrachtungen ausführlich beschrieben und gewürdigt. Die Deutsche Digitale Bibliothek enthält allein an die 650 Einträge.

Ganz im Gegensatz dazu gibt es nur recht wenige Darstellungen des kommunalpolitschen Engagements Tilman Riemenschneiders. Entweder überwiegend nur stichpunktartig, nicht auf Details eingehend, in der Populärliteratur, dem Genre verpflichtet, oft den Boden der Tatsachen verlassend oder lediglich auf Sekundärliteratur und damit Fehler übernehmend[2] gestützt.

Das vorliegende Buch gründet dagegen auf den Originalen der Ratsprotokolle der Stadt Würzburg für die Jahre 1504 bis 1525, aufbewahrt im Stadtarchiv Würzburg.[3] Diese bilden die einzige authentische Quelle für das Wirken des Tilman Riemenschneider im Rat der Stadt Würzburg. Auf rund 1000 Seiten hat der Stadtschreiber Martin Cronthal in frühneuzeitlicher Kurrentschrift mit Federkiel und Tinte die Ratsbeschlüsse der Zeit in den Folianten der Ratsprotokollbände 7 bis 9 heutiger Zählung festgehalten.[4] Sie sind umfassend für das Buch ausgewertet. Für die Zeit von 1504 bis 1513 liegen sie auch als gedruckte Edition unter dem Titel „Würzburger Ratsprotokolle der Riemenschneiderzeit Teil I“ in der Reihe „Fontes Herbipolenses“ Band X des Stadtarchivs Würzburg vor. An Teil II wird gearbeitet.

Auf diese Weise wird ein so detailreicher Einblick in die Amtsführungen des Ratsherrn und Bürgermeisters Tilman Riemenschneider geboten, wie er bisher augenscheinlich noch nicht vorliegt.

Hinweise

Im Interesse der Übersichtlichkeit wird in den Anmerkungen wegen der großen Anzahl der ausgewerteten Ratsprotokolleinträge auf ihre Zitierung verzichtet. Wer sie im Wortlaut und in der Originalfassung nachlesen möchte, wird für die Jahre 1504 bis 1513 auf deren Transkription[5] verwiesen. Dasselbe gilt für die Ratseide, die in dem genannten Band als Anhang 2 ediert sind. Die Ratsprotokolle der Jahre 1514 bis 1525 sind bis jetzt nur in der etwas schwer zu lesenden Originalhandschrift in den Ratsprotokollbänden 8 und 9 des Stadtarchivs Würzburg zugänglich.

Kursiv gedruckte Wörter und Sätze geben die Einträge in den Ratsprotokollen buchstabengetreu wieder, um ein Gefühl für die Sprache zu vermitteln, die unsere Vorfahren seinerzeit gebrauchten. Viele Wörter sind mittlerweile schlichtweg unbekannt oder haben ihre Bedeutung völlig verändert.

Tore und Türme

1 Inneres Brückentor 2 Holztor 3 Inneres Pleichacher Tor 4 Spitaltor 5 Pfaffentor 6 Rennweger Schneller 7 Stephanstor 8 Hexenturm 9 Sander Tor 10 Roren 11 Pleidenturm 12 Schneidturm 13 Äußeres Pleichacher Tor 14 Ellentor 15 Pfaffentor 16 Galgentor 17 Dicker Turm 18 Rennweger Tor 19 Konradstor 20 Mainser Hirtenhaus 21 Telltor 22 Äußeres Brückentor 23 Burkarder Tor

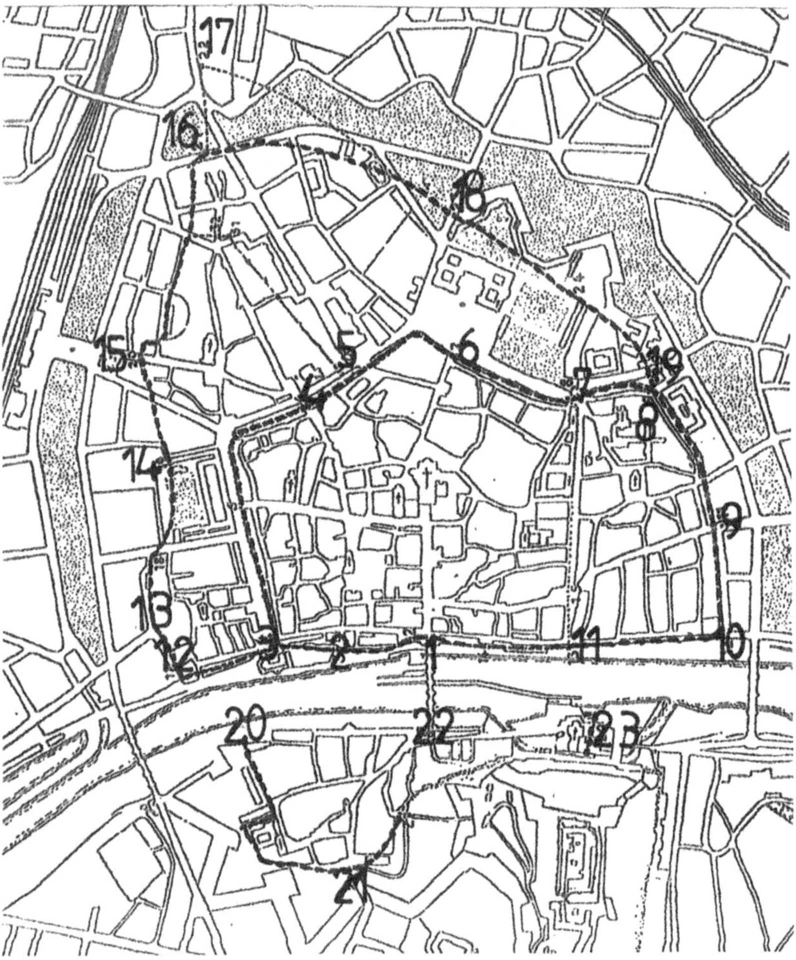

Kartengrundlage: Seberich, Tore und Türme im alten Würzburg, in: Die Mainlande 1953, S. 78. Zeichnung: Christl Schreiber.

Die Stadtviertel

C Cresser G Gänheimer D Dietricher B Bastheimer
S Sander P Pleichacher H Hauger M Jenseits Mains

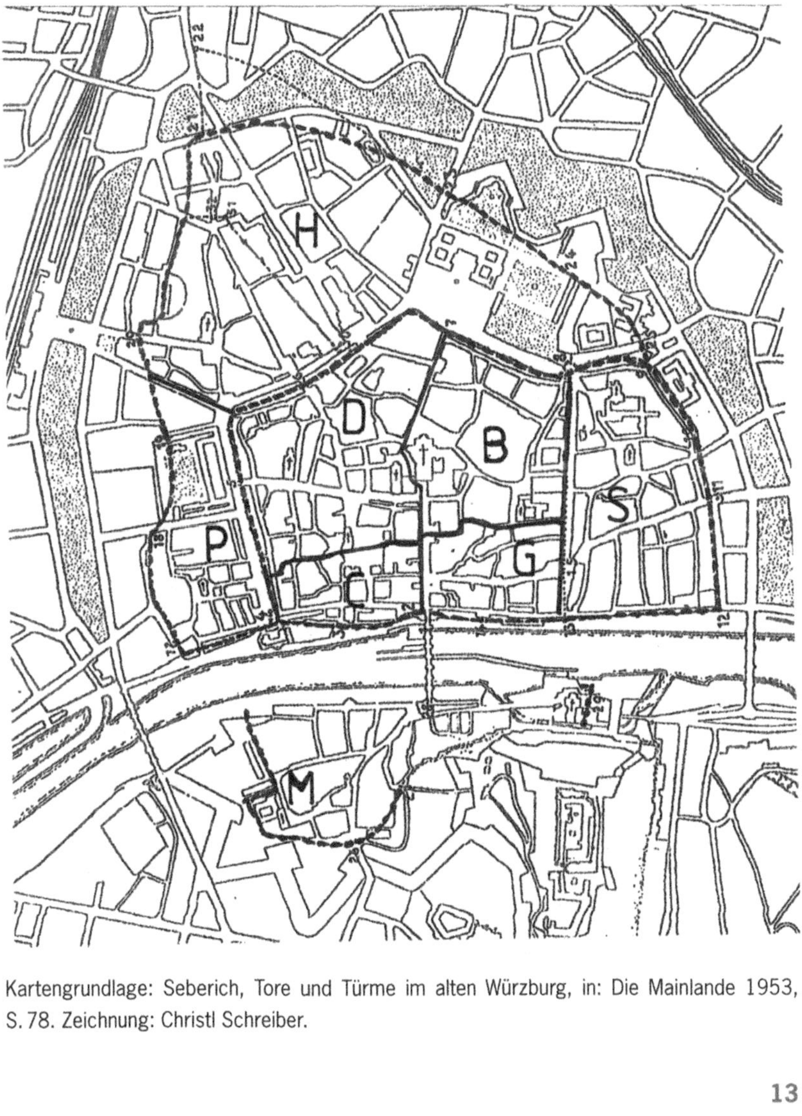

Kartengrundlage: Seberich, Tore und Türme im alten Würzburg, in: Die Mainlande 1953, S. 78. Zeichnung: Christl Schreiber.

Erster Teil
Würzburg um das Jahr 1500

Als der etwa 22-jährige Tilman Riemenschneider nach seinen Lehr- und Wanderjahren durch eines der Stadttore die Stadt Würzburg betrat, stand er in den Mauern des wirtschaftlichen, kulturellen und machtpolitischen Mittelpunktes des Hochstifts Würzburg. Es muss Ende des Jahres 1483 gewesen sein, denn fest steht, dass er sich am 7. Dezember in die St. Lukas-Gilde der Maler, Bildschnitzer und Glaser eingeschrieben hat. Und dies wird er wohl umgehend nach seiner Ankunft erledigt haben. Denn zum einen bestand Zunftzwang, ohne Zugehörigkeit war es nicht möglich, in der Stadt einem Handwerk nachzugehen. Zum anderen war die Mitgliedschaft unbedingte Voraussetzung dafür, als Meister eine Werkstatt zu führen und Gesellen zu beschäftigen.

Die Stadt hatte damals zwar ihre politische und wirtschaftliche Glanz- und höchste Blütezeit schon hinter sich. 300 bis 350 Jahre vorher war sie noch Gastgeberin für zahlreiche Reichs -und Hoftage, Reichssynoden, für Könige und Kaiser gewesen. Die Staufer hatten sie zu ihrer „heimlichen Reichshauptstadt“ gemacht. Der erste Stauferkönig Konrad III. (1138–1152) weilte neunzehnmal in Würzburg, sein Neffe Kaiser Friedrich I. Barbarossa (1152–1190) achtzehnmal, achtmal dessen Sohn Kaiser Heinrich VI. (1190–1198) und schließlich zwölfmal König Heinrich, der Sohn Kaiser Friedrichs II., der in Würzburg erzogen worden war.[6] 1156 fand sogar die Kaiserhochzeit Friedrich I. Barbarossas mit Beatrix von Burgund in der Stadt, wahrscheinlich im königlichen Gut Hopferstadt an der Zeller Straße oberhalb der Deutschhauskirche, statt.

Auch wenn in der Folgezeit andere süddeutsche Städte wie Frankfurt, Nürnberg und Augsburg Würzburg den Rang abgelaufen hatten, so war die Stadt an der Wende vom Mittelalter zur frühen Neuzeit immerhin noch Residenzstadt und Herrschaftssitz des Landesherrn, also gleichsam Landeshauptstadt des Hochstifts Würzburg.[7]

Die Stadtviertel

1410 hatte Fürstbischof Johann von Egloffstein die Stadt in acht Stadtviertel eingeteilt, um leichter die Steuerpflichtigen feststellen und von ihnen die Abgaben eintreiben zu können. Das bisher geübte gassenweise Einziehen der Zahlungen hatte sich nicht bewährt.

Egloffstein war übrigens nicht nur der Sieger in der für die Würzburger Bürger vernichtenden Schlacht von Bergtheim am 11. Januar 1400,[8] sondern auch der Gründer der ersten Universität in Würzburg im Jahre 1402. Sie hatte kein langes Leben, bereits nach weniger als zwei Jahrzehnten war sie, aus verschiedenen Gründen, zu denen sogar ein Mord gehörte, wieder „Geschichte".[9] Die „egloffsteinsche" Verwaltungsgliederung jedoch hatte Bestand. Die Kernstadt, die das Fünfeck der späteren Innenstadt ausfüllte, war durch die von Westen nach Osten von der Mainbrücke zum Dom und weiter über die Hofstraße zur Balthasar-Neumann-Promenade verlaufende Achse einerseits und die Süd-/Nordachse von der Neubaustraße über Sternplatz, Schustergasse, Häfnergasse bis zur Juliuspromenade buchstäblich in vier Viertel, die sogenannten inneren Viertel, eingeteilt:

Im *Cresser Viertel*, vom Main die Domstraße hinauf, dann durch Schuster- und Häfnergasse sowie die Juliuspromenade begrenzt, lebten nahe am Fluss die Kärrner (Kärrnergasse). Sie transportierten mit ihren zweirädrigen Fuhrwerken, den Karren, vor die man ein oder sogar zwei Pferde spannen konnte, Holz, Kohle und andere Waren von den am Main liegenden Schiffen in die Stadt und zum Fluss, vor allem Weinfässer. Aber auch einige Angehörige der Oberschicht hatten sich in großen Anwesen wie dem namensgebenden Vorderen Kressenhof, der heutigen Castellbank, niedergelassen.

Südlich vom Cresser Viertel lag, begrenzt von Main, Domstraße, Stern- und Ursulinergasse sowie Neubaustraße das *Gänheimer Viertel*, benannt nach dem Hof Gainheim in der Domstraße, an dessen Stelle sich heute das Lebensmittelgeschäft Kupsch befindet.

Hier wohnten wohlhabende Bewohner/Familien, reiche Händler und bischöfliche Beamte. Das Mainwasser half den Fassmachern, den Büttnern, die anderswo Küfer genannt werden, ihre Produkte herzustellen (Büttnergasse). Schon zum Biegen der Fassdauben, der Längshölzer, aus denen der Fasskorpus gebaut wurde, brauchte man viel Wasser. Damit sich die Fassdauben beim Fertigen des neuen Fasses zusammenzogen, entfachte man im Inneren des Fassrohlings ein Feuer aus grünem Holz. Dass dabei die gefürchtete Brandgefahr entstand, liegt nahe. Aber es gab ja genügend Löschwasser im nahen Main. Auch um zu prüfen, ob das neue Fass dicht war, füllten es die Büttner mit Mainwasser.[10]

Handwerker der verschiedensten Sparten hatten sich im *Dietricher Viertel* östlich vom Gresser Viertel zwischen Schuster- und Häfnergasse, begrenzt im Süden durch Dom- und Hofstraße, im Norden durch Juliuspromenade und schließlich die Theaterstraße, angesiedelt. Hier lebten und arbeiteten Kürschner, Barbiere, Schneider, Goldschmiede, Kannengießer, Weber, Händler, Wirte und Häcker. Dominierendes und namensgebendes Gebäude war das St. Dietrich-Spital aus dem 12. Jahrhundert. An der Ecke Oberer Markt/Blasiusgasse gelegen, hatte es ursprünglich die Aufgabe, notleidende Pilger und Fremde mit Essen und Trinken zu versorgen und ihnen Unterkunft zu bieten. Mittlerweile hatte es sich aber in eine Versorgungsanstalt für die Dienerschaft des Domkapitels gewandelt.[11]

Das vornehmste war das *Bastheimer Viertel.* Neben dem Dom lag die fürstbischöfliche Kanzlei, oberhalb der Bischofskirche auf hochwasserfreiem Gelände prangten die Höfe der Domherren. In der Nähe der zahlungskräftigen adeligen Kundschaft schmiedeten Plattner kunstvolle Plattenpanzer, Harnische genannt (Plattnergasse). Auch Goldschmiede, Kürschner (Kürschnerhof), die Leder und Pelze verarbeitenden Handwerker, lebten neben höheren bischöflichen und domkapitelschen Bediensteten und Geistlichen mit ihren Mägden und Köchinnen. Das Areal, benannt nach dem Hof Zum Großen Bastheim in der Arztlade, war umschlossen von den Straßenzügen Ursuliner- und Sterngasse, Dom- und Hofstraße, Balthasar-Neumann-Promenade und Neubaustraße.

Außerhalb der Kernstadt hatte sich Würzburg durch ebenfalls vier Vorstädte erweitert. Auch sie bildeten ab 1410 Steuerbezirke im Rahmen der städtischen Verwaltung. Ihre Grenzen lehnten sich weitgehend an die seit dem hohen Mittelalter bestehenden Vorstadtsprengel von St. Burkard, St. Peter, St. Gertrud und Stift Haug an. Das als erstes in den Stadtmauerring einbezogene der sogenannten äußeren Stadtviertel war das *Sander Viertel.* Seine Grenzen ergaben sich durch den Fluss, die Straßenzüge der Neubau- und Ottostraße, dem Zwinger und der Tiepolostraße. Es war überwiegend von Bäckern, Häckern, Webern und Tagelöhnern besiedelt. Nur entlang der Neubaustraße und der Ausfallstraße nach Süden, der Sanderstraße, standen größere Höfe reicher Besitzer.

Im *Pleichacher Viertel (Pleich)* vor der Kernstadt hatten sich wegen des Wasserangebotes durch die Pleichach und wegen ihres übelriechenden Handwerks die Gerber niedergelassen (Gerberstraße). Zu ihnen hatten sich die Metzger gesellt, die Wasser für das Einkochen der Würste sowie die Reinigung ihrer Bottiche und Werkzeuge brauchten und die ihre Schlachtabfälle in den Main leiteten. Das Viertel, zwischen Main, Juliuspromenade, Kaiserstraße und Röntgenring, war durchaus als wohlhabend zu bezeichnen, wie die Steuerlisten für die vielen Weinbergs- und Weingartenbesitzer mit ihren großen Weinvorräten zeigen.

Das *Hauger (*mit *Rennweger) Viertel*, das sich im Osten anschloss, war das räumlich größte. Einkommen und Vermögen der Bevölkerung lagen aber unter dem aller anderen Bürger. Es war das ärmste der acht Stadtviertel. In dem Gebiet zwischen Balthasar-Neumann-Promenade und Theaterstraße, Kaiserstraße, Hauger- bis Berliner Ring, Rennweger Ring, weiter hinter der Residenz und einem Bogen bis zur Ottostraße wohnten vornehmlich arme Häcker und Tagelöhner. Nur einige reiche Müller machten da eine Ausnahme.

Das einzige Stadtviertel am linken Mainufer, *Jenseits Mains* (Mainviertel), war das älteste. Es war das Quartier der Fischer, Schiffer und Tagelöhner. Am Fuß des Marienberges unter die Festung geduckt scharten sich die kleinen Häuschen um die älteste Kirche Würzburgs, St. Burkard. Vor ihnen lag ein schmales, flaches Ufer, das den Fischern zum Abstellen ihrer Kähne und Aufspannen der Netze diente. Das Viertel zog sich am Main entlang vom Burkarder Tor im Süden bis zum Mainser Hirtenturm an der Ecke der Straße Am Dicken Turm/Dreikronenstraße im Norden, von da hinauf zum Schottenkloster, dahinter wieder südwärts, begrenzt vom Zeller Tor am oberen Ende der Zeller Straße, am Telltor oben an der Neydeckgasse, und oberhalb der Tellsteige vorbei, von da in gerader Linie bis in den Rücken der Kirche St. Burkard.

Die Bevölkerung

Innerhalb der Stadtmauern lebten etwa 5.000 bis 8.000 Menschen. Die Zahl hat zugegebenermaßen eine große Bandbreite. Eine genauere Einwohnerzahl lässt sich aber nicht ermitteln, da die einzigen Quellen, die Rückschlüsse auf die Größe der Stadtbevölkerung zulassen, die Steuerlisten des Rates sind. Und die erfassten nur die Bürger der Stadt, die aufgrund ihres Grundbesitzes steuerpflichtig waren. Das waren ungefähr 25 Prozent der Einwohner. Nichtbürger, Handwerksgesellen, Knechte und Mägde, Tagelöhner, Soldaten, Almosenempfänger und Bettler tauchen, da sie nicht das Bürgerrecht besaßen, in den Listen nicht auf. Gleiches gilt für den Adel und die Geistlichkeit, die Herren des Domkapitels, Mönche und Nonnen der Klöster und Frauenkonvente. Denn sie waren von der Steuer befreit.[12] In sozialer Hinsicht gliederte sich die Bevölkerung in zwei Schichten, in *arme* und *reyche*. Zu den Reichen zählten die wirtschaftlich erfolgreichen Kaufleute und Handwerker, als Arme aber ihre weniger begüterten Berufsgenossen, insbesondere die Tagelöhner und die Häcker, und die zumeist für die geistlichen Grundherrschaften schuftenden Weinbergsarbeiter.[13]

Höfe und Häuser

Die großen und prächtigen Domherrnhöfe,[14] die die hohe Geistlichkeit natürlich auf dem hochwasserfreien Gelände hinter dem Dom erbaut hatte, standen in lockerem Abstand zueinander. Auf sehr großen Arealen lagen neben dem Wohnhaus Wirtschafts- und andere Nebengebäude. Großzügige Gärten vervollständigten die herrschaftlichen Anwesen. Die stattlichen Wohngebäude, die man durch eine Eingangshalle betrat und in der oft (auch) ein Brunnen Wasser spendete, waren prachtvoll ausgestattet. Meist befanden sich im Erdgeschoss Ställe und Dienstbotenkammern, im oberen Stockwerk die Wohn- und Empfangsräume sowie oftmals eine Hauskapelle.[15] In den gewölbten Kellern lagerten neben anderen Vorräten vor allem nicht zu wenige Fässer voll besten Frankenweins. An die 30 solcher Domherrenhöfe, Kurien genannt, prägten die Gegend um den Dom. Manche dieser Kurien haben sich, natürlich in den Ausmaßen verringert und im Erscheinungsbild verändert, bis heute erhalten. Als Beispiele seien genannt der Hof Conti am heutigen Kardinal-Döpfner-Platz, Residenz des Bischofs, die Kurie Heideck in der Domerschulstraße, in die die Theresienklinik eingezogen ist, und die Kurie Marmelstein an der Ecke Domerschulstraße/Bruderhof, die heute noch den Namen Marmelsteiner Hof trägt und in deren Büroräumen sich die Diözese Würzburg verwaltet. In der Altstadt dagegen waren die Häuschen der

Handwerker, Häcker, Winzer, Wirte und Händler schmal und hoch. Das Erdgeschoss war meist aus Bruchsteinen gemauert, die oberen Geschosse bestanden jedoch aus Fachwerk.[16] Die Häuser waren nicht gedämmt, Kälte und Hitze drangen leicht ein. Daher hatte man nur kleine Fenster, oft lediglich mit Stroh verschlossen. Innen war es dunkel und eng. Die beste Lichtquelle war, wenigstens in der warmen Jahreszeit, die Haustür. Jeder wohnte dort, wo er arbeitete. Im Erdgeschoss befanden sich die Werkstatt oder das Ladenlokal, dazu die Küche, manchmal auch eine kleine gute Stube. Im ersten Stock gab es auf engstem Raum Zimmer für die Eltern, Kinder und Großeltern. In die oberen Stockwerke führten Holzstiegen, die schmal und steil, fast wie Leitern waren und die manche Hausunfälle verursachten. Die Dächer waren mit Holzschindeln oder gar noch mit Schilf oder Stroh gedeckt. Vorräte, unter denen ein oder mehrere Fässchen Wein nicht fehlen durften, lagerten in den Kellern, hinter den Häusern wurden in kleinen Hausgärten Gemüse und Kräuter gezogen, um den Hof standen, wenn es der Platz zuließ, Ställe und Schuppen.

Nur die Reicheren konnten sich Häuser ganz aus Stein leisten. Die hielten natürlich Kälte und Hitze besser fern, die Innenwände wurden zur Dämmung außerdem mit Holz verblendet, die Fensteröffnungen mit dämmenden und einigermaßen Helligkeit spendenden Bleiglasfenstern versehen.

Die Gassen und der Abfall

Die Beseitigung der Hausabfälle und menschlichen wie tierischen Exkrementen/Fäkalien stellte ein ernstes hygienisches Problem dar. Es war nämlich – nicht nur in Würzburg – üblich, den „Unlust", also den Unrat wie Hausmüll, Inhalt der Nachttöpfe, Mist und Dung der zu Hause gehaltenen Hunde, Ziegen, Rinder und Pferde, selbst tote Tiere einfach vor dem Haus auf die Gasse zu werfen. Die Beseitigung des „Unflats" war wiederum nicht Aufgabe des Rates oder der Gemeinde, sondern Privatsache eines jeden Haus- oder Hofbesitzers. Das schlimmste Übel aber waren die in den Straßen frei herumlaufenden Schweine. Sie wühlten in den umherliegenden Abfällen und ernährten sich davon. Wenn man es postiv betrachten will, so lieferten sie auf diese Weise einen kleinen Beitrag zur Straßenreinigung.

Schlimmer war aber, dass sie durch ihren Urin und Kot die Geh-und Fahrwege stark verschmutzten. Und manchmal bissen die Schweine sogar kleine Kinder! Diesem Übel beizukommen, war nicht einfach. Denn den Bäckern, Müllern und Metzgern war es seit *altem herkomen*[17] gestattet, eine bestimmte Anzahl Schweine in den Straßen zu halten. Der Hintergedanke war dabei, letztlich in Notzeiten einen Beitrag zur Fleischversorgung der Bevölkerung zu haben.

Ein besonderes Privileg zur Schweinehaltung in den öffentlichen Gassen genossen die Mönche des Antoniterordens. Ihr Kloster befand sich damals auf dem Gelände des heutigen Ursulinergymnasiums zwischen Augustinerstraße und Ursulinergasse. Die ausdrückliche Ordensaufgabe war es, sich um die Behandlung und Pflege der am Antoniusfeuer, dem Mutterkornbrand, Erkrankten zu kümmern. Als Anerkennung für ihren selbstlosen Einsatz für die Gesundheitssorge war ihnen wie allen Antoniterklöstern das Halten von Schweinen in den Straßen der Stadt erlaubt. Die „Antoniterschweine" trugen zur Unterscheidung von den anderen Schweinen eine Markierung mit einem Rechen und ein Glöckchen um den Hals.

Die Verhältnisse waren nicht nur aus hygienischer Sicht, sondern auch aus „Geruchsgründen" ziemlich belastend. Beispielsweise sei der Bader zum Sand genannt, der die Abflüsse aus seiner Badstube in einem offenen Graben zum Main bei der Steinhütte leitete. Das löste solchen Gestank aus, *das die steinmetzen in der steinhutten nit arbeyten konnen noch wollen.* Paul Kolb beschwerte sich, dass vor seinem Hof jede Menge *unlust* hingeworfen und gelagert wird, *stinck ime in sein stubenn.*

Gleicherarten Schwierigkeiten bereiteten auch die „Sprachhäuser" oder „geheimen Gemächer", die Aborte. Die von ihnen ausgehenden Geruchsemissionen waren oft Anlass zu Nachbarbeschwerden. Als Beispiel sei das heimliche Gemach ausgerechnet des Rathauses der Stadt genannt. Die benachbarten Frauenbrudermönche, die Karmeliten, beschwerten sich, dass der genau ihrem Schlaftrakt gegenüberliegende Abort gerade in Sommerzeiten große Widerwärtigkeiten und Gestank brächte. Von Gelehrten hätten sie außerdem erfahren, dies sei überwiegend die Ursache dafür, dass im Jahr 1508 viele ihrer Mitbrüder verstorben seien. Der Rat konnte natürlich gegen solch nachdrückliche Argumente nichts einwenden, zeigte Verständnis und beschloss, das geheime Gemach *abzuthun.* Doch es blieb augenscheinlich bei diesem Lippenbekenntnis, denn sechs (!) Jahre später war das Sprachhaus immer noch da. Denn dann beschloss der Rat lediglich, den Abort, den er entgegen seiner Zusage nicht beseitigt hatte, mit einem Schlot, einem Abzugskamin, auszustatten, *dass der stannck von ine* von den Karmelitenmönchen *abgewennt werde.*

Die Latrinen sollten und mussten eigentlich von Zeit zu Zeit *gefegt* und ausgehoben werden. Dafür gab es einen vom Rat bestellten „Sprachhausfeger", der sogar einen Amtseid ablegen musste – so wichtig erschien die Erfüllung dieser höchst übelriechenden Aufgabe. Der Sprachhausfeger schwor, dass er jedem, der das wünsche, sein heimliches Gemach räumen, fegen und säubern werde, und zwar ohne es zu beschädigen, nur gegen den geziemenden Lohn. Und sehr überraschend war der weitere Inhalt des Eides: Falls er, der Sprachhaus-, auch Dolenfeger genannt, oder sein Gehilfe dabei Silber, Silbergeschirr, Gold oder andere Metalle fände, werde er den Fund dem rechtmäßigen Inhaber des Hauses bekanntgeben. Wenn aber tote Kinder zum Vorschein kämen, so war eine Meldung an die Bürgermeister fällig. Die Aborte dienten also offensichtlich auch als Verstecke für Wertsachen oder gar für die heimliche Entsorgung von Baby- und Kinderleichen. Wenn nicht verheiratete Mädchen und Frauen Kinder bekamen, war das eine Katastrophe nicht nur für die junge Mutter, sondern für die ganze Familie. Um der Schande und Ächtung durch die Bürgergesellschaft zu entgehen, sahen manche keinen anderen Ausweg, als das nichtehelich Neugeborene zu töten und den Leichnam zu beseitigen. Der Sprachhausfeger hatte noch eine zweite höchst unschöne Aufgabe. In Personalunion oblag ihm auch noch das Amt des *huntslahers*, des Hundeschlägers. Er musste die in den Gassen streunenden oder bei ihm abgelieferten Hunde erschlagen. Ausdrücklich wird der Kreis der zu tötenden Hunde in seiner Eidesformel festgelegt: Nicht die jungen oder die, die Zeichen trugen, sondern die alten, unsauberen und *schelmigen*, die räudig und stinkend waren. Tote Hunde, Katzen und andere Tiere, die in den Gassen lagen, hatte er ebenfalls wegzuschaffen. Dass dieser Beruf, Sprachhausfeger und Hundeschläger, wie der des Totengräbers und Henkers zu den sogenannten unehrlichen gehörte, bedarf keiner weiteren Erörterung. Mit Unehrlichen, das heißt nicht Ehrenwerten, wollte niemand etwas zu tun haben. Sie waren sozial ausgegrenzt, konnten eigentlich nur untereinder heiraten, mussten oft ihren Wohsitz außerhalb der

Stadtmauern nehmen und durften sich im Gasthaus nur an einen gesonderten Tisch setzen.

Zudem dürften ein solcher „Amtsinhaber" und seine Kleidung angesichts der beschränkten Waschmöglichkeiten auch nicht besonders gut gerochen haben. So beschwerte man sich über einen, der in einem Haus im Sander Viertel das *gestorben vihe schind*, die Haut abziehe, *unnd schmeltz* (das Fett), *mecht ein großen unlust gestannck unnd wer auch schrocklich unnd geverlich.*

Es braucht nicht viel Fantasie, sich den Zustand der Gassen und Plätze bei dieser Art der Abfall- und Fäkalienbeseitigung vorzustellen. Insbesondere bei Regen war es Fußgängern und Fuhrwerken nur noch schwer möglich, durch den Morast vorwärtszukommen. Wer es sich leisten konnte, verwendete Unterschuhe oder schnallte sich Holzpantinen unter seine Schuhe. Echte Abhilfe schuf erst die Pflasterung der Straßen, verbunden mit dem Verbot, darauf Mist und Unrat abzuladen. Die Pflasterung stellte die Stadt aber vor nicht geringe Schwierigkeiten. Daher waren nur wenige Straßen oder Plätze mit Steinen befestigt. Die Steine mussten nämlich mühsam in einem der drei Steinbrüche der Stadt gewonnen werden. In Lengfeld nahe der Kürnach, an der gleich daneben die Lindlesmühle stand, befand sich einer, wo heute der Steinbruchweg verläuft. Ein anderer am Greinberg und der dritte auf dem Bronnberg im heutigen Naturschutzgebiet Bromberg-Rosengarten nordöstlich des Heuchelhofs oberhalb der Bundesautobahn A 3. Aus Kostengründen wurden Froner zum Brechen und Zurichten der Steine in den Steinbrüchen herangezogen. Es gab aber auch Fälle, da weigerten sich die Geforderten, zum Fronen anzutreten. So der Fischer Peter Sporer aus dem Mainviertel, der dreimal erfolglos zum Arbeiten im Steinbruch aufgefordert worden war. Seine ablehnende Haltung bekräftigte er durch den Ausspruch, *der teuffel soll fronen.* Der Rat verlor verständlicherweise die Geduld und verfügte, dass Sporer *noch bey sonnenschein,* also vor dem Abend, in den Strafturm einzurücken habe. Sollte er diesem Befehl nicht nachkommen, so sei er in das Loch zu werfen. Trotz dieses abschreckenden Beispiels weigerten sich im Sommer des Jahres 1523 drei Frauen und vier Männer aus den verschiedenen Stadtvierteln, im Steinbruch Steine zu brechen. Der Rat lud sie vor und drohte ihnen, wenn sie der Aufforderung nicht folgten, sie zu pfänden. Nach dem Brechen und Zurichten musste das fertige Material in die Stadt transportiert und schließlich noch Sand herbeigeschafft werden. Den Transport an die Straßenbaustelle in der Stadt erledigten die Kärrner, die dafür, soweit sie nicht im Rahmen des Hand-und Spanndienstes ohne Entgelt arbeiten mussten, zu bezahlen waren. Die Pflasterung selbst war offensichtlich technisch gar nicht so einfach, denn man dingte dazu, weil es dafür in der Stadt keinen Fachmann gab, auswärtige Pflastermeister. Sie waren gefragte Spezialisten. Eigentlich war die Verpflichtung von Pflastermeistern und ihre Bezahlung Aufgabe des Oberrats. Aber manchmal gab es Ausnahmen, zum Beispiel im Jahr 1504. Da sprach ein gewisser N. Zepfner, Sohn eines Viertelmeisters, im Rat vor und bat um Aufnahme als neuer Pflastermeister. Der Rat war zwar nicht abgeneigt, aber trotzdem vorsichtig und wollte zuerst eine Probe seiner Kunst sehen. In der Schleifergasse, der heutigen Blasiusgasse, sollte Zepfner zeigen, was er konnte. Die Skepsis des Rates war berechtigt, Zepfner war *seins werks nit kundig*. Wenn einmal tatsächlich gepflastert wurde, dann ordnete der Rat einen seiner Mitglieder als „Überwacher“ ab. Der überprüfte, ob die Arbeiten auch gut und richtig ausgeführt wurden. Als Entschädigung wurden dem Aufseher zwei Gulden gewährt. Sparsam, wie der Rat mitunter auch war, hatte er beschlossen, falls der Überwacher nur eine einzige Ortseinsicht vorzunehmen hatte, *soll man im nichts gebenn*.

All diese Umstände hatten beim Rat eine starke Abneigung gegen Pflasterungswünsche, die von dritter Seite an ihn herangetragen wurden, entwickelt. Er versuchte, soweit immer möglich, die Bitt- und Antragsteller abzuwimmeln. Fast ausnahmslos mit der Begründung, es seien derzeit keine Steine verfügbar oder der Rat habe anderweitig *swere bewe*, umfangreiche Baumaßnahmen wie an den Stadtmauern und der Mainbrücke „am Hals“.

Kein Erfolg war zum Beispiel der Bitte der Äbtissin von St. Afra beschieden, ihr Pflastersteine zur Verfügung zu stellen. Gleichermaßen erging es dem bischöflichen Rat Lorenz Truchsess, der das Gässlein vor seinem Hof verbessern wollte, und seinem Kollegen Matthias von Herbilstadt, dem es um die Pfaffengasse, die heutige Bibrastraße, ging. *Uffs glimpflichst abgeschlagen,* also besonders freundlich abgelehnt wurden auch die Bitten noch höher gestellter Personen: Der Domprobst, das war immerhin der Markgraf Friedrich von Brandenburg, begehrte wie manche anderen Adeligen und Domherren auch nicht nur wegen der besseren Begehbarkeit und der leichteren

Reinigung, sondern auch zur Mehrung des Ansehens und der Zierde seines Hauses Steine für seinen Hof. Nachdem der Rat zunächst seinen Antrag abgelehnt hatte, gab er dann doch *meinem gnedigen herrn thumprobst* 50 Karren Steine, nachdem dieser zugesagt hatte, sie zu bezahlen.

Der Weihbischof blitzte beim Rat gleich zweimal ab: Zunächst wollte er von der Stadt für seinen Hof 40 Karren Pflastersteine und dazu Sand. Der Rat blieb hier aber hart und beschloss einmütig, weil die Steine der Stadt zustünden und auf ihrer *cost unnd schaden* gebrochen worden seien, ihm keine abzutreten. Keck fügten die Ratsherren noch hinzu, wenn er welche haben wolle, *solle er di* (woanders) *kauffen.*

Einige Jahre später passierte dem Weihbischof nochmals dasselbe, als er zusammen mit den Stiftsherren zu Haug mit der Bitte scheiterte, die Straße bei St. Haug zu pflastern. Auch der Vorschlag des Domherren Hans Schott, in Erlabrunn Steine zu brechen und damit den Platz unter dem Saalhof zu pflastern, dem ehemaligen bischöflichen Wohnsitz und derzeitiger Stätte der weltlichen Gerichte des Fürstbischofs in der Stadt zwischen Domstraße und Kürschnerhof, fand keine Zustimmung des Rates, und das, obwohl Schott im Auftrag des Oberrats (!) vorstellig wurde.

Und nicht zu vergessen, auch unser gnädiger Herr von Würzburg, der Bischof, saß dem Rat mit Pflasterungswünschen, die ja Befehlen gleichkamen, im Nacken. Es ging ihm um den Markt, die heutige Domstraße. Grund für das besondere Interesse des Landesherrn an der, wenn man so will, Hauptstraße seiner „Landeshauptstadt", war wohl, dass er sie fast jeden Tag auf dem Weg von seiner Wohnstatt auf der Burg hinunter in die Stadt über die Brücke zu der fürstbischöflichen Kanzlei und seiner Kirche, dem Dom, benutzte und dabei sich und sein Pferd nicht beschmutzen wollte. Seit Jahren bemühte er sich, die Pflasterung in Gang zu bringen. Zunächst widersetzte sich der Rat mit der Begründung, ein Rat habe mit dem Pflastern des Marktes überhaupt nichts zu *schicken*, das sei Sache des Oberrats, der solle sich darum kümmern. Der Bischof ließ natürlich nicht locker. Er schickte seinen Schultheiß in den Oberrat, der dort die Meinung des Landesherrn kundtat. Und die war so knapp wie klar: Der Markt ist noch im Laufe des Jahres zu pflastern! Der Oberrat gab natürlich die Aufforderung an den Rat weiter, und dem fiel nichts Besseres als die bekannten Argumente ein: Kein Stein vorhanden, Mühle- und Brückenbauarbeiten binden alle Ressourcen. Einlenkend baten die Ratsherren dann untertänig, die Sache ein Jahr ruhen zu lassen, im nächsten Jahr wolle der Rat dann die erforderlichen Arbeiten veranlassen. Der Bischof zeigte, was ja längst nicht immer der Fall war, Geduld. Im folgenden Jahr ging es aber doch nicht los. Der Rat verhandelte wieder mit dem gnädigen Herrn und trug vor: Auf Befehl des Bischofs habe der Rat mit schweren Kosten die Kalergasse, die heutige Plattnerstraße, gepflastert, auch die Gasse beim Grafeneckart sei gerichtet worden. Derzeit würden auch an der Brücke Steine verlegt, außerdem sei ohne Wissen des Rates das kleine Gässlein bei der Kalergasse mit Steinen belegt worden. Über das alles hinaus noch etwas Neues in Angriff zu nehmen, übersteige die Kräfte des Rates. Seine fürstlichen Gnaden zeigte sich zunächst sehr verwundert, wer die ganzen Straßenbaumaßnahmen veranlasst habe. Dann ließ er tatsächlich Gnade walten und entschied, er lasse es jetzt beim status quo bleiben. Wenn man alle Jahre ein wenig und etwas täte, würde es mit der Zeit auch vorangehen. Was den Markt anging, tat es das aber nicht. Ein weiteres Jahr später nämlich, im Jahr 1515, verhandelte der Rat erneut mit dem gnädigen Herrn. Angesichts der *unvermoglichkeytt* des Rats und des großen und überaus teuren Baus einer neuen Mainmühle, auch zweier Torhäuser beim Konrads- und Galgentor, den Mauern bei St. Marx und bei St. Afra sowie der Mainbrücke baten die Ratsherren *mit allem vleyß* darum, ihnen das Pflastern des Marktes zu erlassen. Dem Bischof riss nun der Geduldsfaden, er ordnete an, den Markt zu vermessen, es kamen rund 183 Gerten[18] zusammen, machte kurzen Prozess und befahl, ihm zu Ehren den Markt mit Pflastersteinen zu befestigen. Der Rat gab nun seinen Widerstand auf, *domit unnser gnediger herr nicht ungnad uff einen rat werff,* beschloss, *solchs zu thun seinen gnaden zu gefallen,* stellte sogar auf seine Kosten einen Pflastermeister aus Heilbronn ein und vereinbarte mit ihm einen Lohn von 85 Gulden. Das war eine Menge Geld, aber Pflastermeister waren gesuchte Straßenbauspezialisten. Ja, man war sogar bereit, 5 Gulden draufzulegen, wenn der Werkmann ein gutes Pflaster machen würde. Unter Aufsicht der Ratsherren Johan Witstat und Philipp Mercklein wurde der gesamte Markt vom Grafeneckart bis zu den Domstufen mit Pflastersteinen belegt. Wahrscheinlich war dieses Jahr 1515 die Geburtsstunde einer befestigten Domstraße.

Die Trinkwasserversorgung

Die Versorgung mit Wasser, vor allem mit Trinkwasser, war höchst mangelhaft. Wasserleitungen, die Quellwasser heranführten, gab es nicht. Eine Ausnahme war da die Wasserleitung von Höchberg, die in Bleirohren Quellwasser von der Weth in der Sonnemannstraße in die Festung Marienberg leitete. In der Innenstadt gab es nur sehr wenige öffentliche Brunnen, zum Beispiel den am Fischmarkt, dem heutigen Sternplatz, einen bei der Marienkapelle, den Petersbrunnen im Stadtteil Sand, in der Kettengasse oder den vor dem Sander Tor. Die überwiegende Zahl der Einwohner musste sich, entnahm man nicht Wasser aus Main, Kürnach und Pleichach, aus eigenen Grundwasserbrunnen bedienen. So hatten die meisten Anwesen hinter dem Haus solche, allerdings nicht tiefe Hausbrunnen, die mit Holz, nur teilweise mit gemauerten Steinen eingefasst waren. In geringem Abstand befanden sich in der Regel die Misthaufen, Abfall- und Jauchegruben. Das aus den Brunnen geförderte Wasser war daher oft verschmutzt, ja sogar verseucht. Viele zogen es vor, anstatt Wasser den – im Gegensatz zu heute allerdings sehr viel dünneren – Wein zu trinken.

Schutz vor Feuer und Brand

Mittelalterliche Städte lebten ständig in der Gefahr, dass durch unachtsames Hantieren mit den offenen Feuerstellen in den Häusern, manchmal sogar durch absichtliche Brandstiftung, die Fachwerkhäuser mit ihren Holzkonstruktionen und Strohdächern in Brand gerieten. In den eng zusammenstehenden Nachbargebäuden, Ställen und Schuppen fand das Feuer rasch und reichlich Nahrung. Die Obrigkeit und der Rat versuchten immer wieder durch den Erlass von Feuerordnungen, z.B. in den Jahren 1496 und 1515 oder durch vorbeugende Maßnahmen, der Feuergefahr Herr zu werden.

Für jedes Stadtviertel hatte der Rat zwei „Herdstatt- und Schlotbeseher" verpflichtet. Alle vier Wochen besichtigten sie mit ihren Gesellen sämtliche Kamine, Herdstätten und Feuerstellen in jedem Haus. Wenn sie den Eindruck gewannen, dass deren Zustand zur Sorge Anlass gab, dass von ihnen Schaden ausgehen könnte oder die Feuerstellen nicht gut genug verwahrt wurden, teilten sie dies dem

Hausbesitzer offiziell mit. Falls die Beseher bei der nächsten fälligen Beschau feststellen mussten, dass die Mängel nicht behoben waren, meldeten sie dies unverzüglich den Bürgermeistern, die dann das Weitere veranlassten. Und das konnten dann empfindliche Strafen sein. Erstaunlich, dass sich dieses System der Feuerstättenbeschau im Grundsatz bis heute nicht geändert hat. Es handeln nur jetzt anstelle der Herdstatt- und Schlotbeseher die Berzirksschornsteinfegermeister mit ihren Gesellen. Die Behörde, die deren Anzeigen bearbeitet, sind das städtische Ordnungsamt und das Landratsamt.

Der Rat nahm die einzelnen Bürger in die Pflicht, Vorsorge für den Fall des Ausbruchs eines Brandes zu treffen. Das galt insbesondere, wenn bei besonderen Ereignissen eine große Menschenansammlung, auch viele Fremde, Landsknechte, fahrendes Volk, Gaukler und Artisten, Bettler und andere für zwielichtig gehaltene Leute, unter denen man offensichtlich mögliche Brandstifter vermutete, in die Stadt drängten. So wurden die Hausbesitzer regelmäßig bei den jährlich stattfindenden Messen, der Mitfastenmesse (in der Mitte der Fastenzeit), der Messe zu Kiliani (Woche nach dem 8. Juli), der Michaelsmesse (vierzehntägige Messe ab 29. September) und der Allerheiligenmesse (um den 1. November) vom Rat dazu aufgefordert, große *geschirre* (Behälter) voll Wasser in ihren Häusern bereitzuhalten. In den Gassen, das heißt Straßen, mussten überall große *kuffen* (Bottiche) mit Wasser aufgestellt werden, und jedermann hatte sich vor Feuer vorzusehen.

Wenn der Türmer auf dem Grafeneckart, der Tag und Nacht Dienst hatte und sich nur gelegentlich, zum Beispiel durch seinen Sohn, vertreten lassen konnte, dann doch einmal die Feuerglocke läutete, dann waren die Feuerhauptleute gefragt. Sie waren aus der Mitte des Rates, meist für ein bis drei Jahre, gewählt und leiteten die Brandbekämpfung. Die Bürgermeister ritten zu den Stadttoren und schauten da nach dem Rechten, ob sie gut bewacht waren und nicht Fremde die Gelegenheit nutzten, sich in die Stadt einzuschleichen und zu stehlen. Dann verschafften sie sich, genauso wie heutige Politiker, eine Übersicht über die Gesamtsituation und übten die Oberaufsicht über die Löscharbeiten aus. Im Jahr 1505 entstand ein unerwartetets Problem, denn der jüngere Bürgermeister Hans Schmidt zeigte sich zum Reiten *ungeschickt*. Der Rat wusste sich aber zu helfen, er ernannte an Schmidts Stelle den alten Bürgermeister Ortolf Groß zum Feuerhauptmann und stellte ihm zur Unterstützung einen weiteren Ratsherrn,

Hans Heydenfelder, zur Seite. Der Eintrag im Ratsprotokoll zeigt, dass damals eine der gewünschten Fähigkeiten eines Bürgermeisters in der Stadt Würzburg das Reiten war. Das ist heute nicht mehr der Fall.

Das Wichtigste war, dass so schnell wie möglich Leitern, Stangen mit Feuerhaken, die man zum Herausziehen der brennenden Balken brauchte, und Wasser zur Brandstelle herbeigeschafft wurden. Feuerhaken wurden vor allem im Medhof, der gleich neben dem Rathaus lag, und in einem Gewölbe des Schneidturms aufbewahrt. Über den Schneidturm neben dem heutigen Congresszentrum wird später berichtet.

Die Kärrner, von denen jeder zu Hause ein Wassergefäß für den Ernstfall vorzuhalten hatte, karrten mit ihren zweirädrigen Fuhrwerken Löschwasser zum Einsatzort. Diese Löschwasserbeschaffung hatte der Rat zu einer Art Wettbewerb mit Siegprämie ausgestaltet. Wer nämlich von den Kärrnern als erster sein Wasserfass am Brandort ablieferte, erhielt einen halben Gulden, der zweite zwei Pfund, der dritte noch einen viertel Gulden, für jede weitere Fuhre Wasser machte der Rat noch sechs Pfennige locker. Der Rat beschloss sogar einmal, in künftigen Fällen, *do Got vor sei,* die Prämien zu verdoppeln.

Außer den Kärrnern, die größere Wassermengen transportieren konnten, waren Kohlenträger, Weinschröter,[19] der Frauenwirt, der das städtische Frauenhaus, das Bordell, führte, und Dienstboten verpflichtet, mit Wasserkübeln „bewaffnet“ zu erscheinen. Die Bader mussten Kübel aus ihren Badstuben zur Verfügung stellen. Jeder, der helfen konnte, war willkommen. Zum Löschen selbst hatte der Rat erst 1498 200 lederne Eimer angeschafft und in die Viertel verteilt, einige hingen auch vor der Steuerstube im Rathaus. Und trotz aller Vorsichtsmaßnahmen brannten immer wieder Häuser.

Die Gefängnisse: Loch, Stockhaus, Strafturm, Feilsturm

Das Loch

Unter dem Grafeneckart, dem Rathaus, gab es ein unterirdisches Verlies mit dem Namen Loch. Loch wohl deshalb, weil man durch eine Öffnung im Boden die Gefangenen hinab- und gegebenenfalls auch wieder herausließ. Wer in das Loch „geworfen“, wenn man Glück hatte, mit einem Seil heruntergelassen wurde, hatte sich grundsätzlich eines schwereren Vergehens oder gar Verbrechens schuldig gemacht. Aber auch Übeltäter minder schwerer Vergehen konnten, wenn es für sie schlecht lief, ‚zu ihrer und etwaiger Nachahmer Abschreckung Bekanntschaft mit diesem Verlies machen. Das Loch war das übelste der Würzburger Gefängnisse. Wer da längere Zeit „eingelocht" war, dem fiel das Überleben nicht leicht, wenn er nicht ohnehin schon als zum Tode Verurteilter nur noch bis zur Vollstreckung darinnen „aufbewahrt" wurde. Die Verhältnisse sind für uns Heutige nur schwer vorstellbar. Dunkelheit, Feuchtigkeit, Kälte und Ungeziefer setzten den Gefangenen zu. Der Rat beschäftigte sich im Juli 1504 eingehend mit den dort herrschenden Zuständen. So legte er fest, dass das Einstiegsloch nicht länger mit einem Deckel, sondern nur mit einem starken Eisengitter gesichert werden solle. Ausdrücklich mit der Begründung, weil es sonst für die Gefangenen wenig oder keine Luftzufuhr geben würde und die armen Gefangenen an Leib und Leben zerstört würden. Offensichtlich befand sich bis dahin auf der Einlassöffnung ein *oberteill*, ein Deckel. Den zu entfernen und *lufftig* zu machen, hatte der Bischof schon *vormalen* zugestimmt. Außerdem stellte der Rat fest, es sei *vast* (sehr) *ubell dorinnen riechenndt*. Die Inhaftierten mussten nämlich ihre Notdurft in einer Ecke des Verlieses verrichten, einen Abort gab es selbstverständlich nicht, und ob wenigstens ab und zu ein Eimer hinabgelassen und sogar ab und zu geleert wurde oder nicht, darüber haben wir keine Nachrichten. Die Decke des Verlieses nutzte der Wärter manchmal als Lagerplatz für Kohlen, Holzpfähle, Kompost oder Rüben, was die Zufuhr von Sauerstoff nicht eben erleichterte.

Wie stand es um die Verpflegung? Alle, mit Ausnahme derer, die wegen Verwirkung ihres Lebens eingesperrt waren, konnten sich Essen und Trinken durch ihre Frauen oder durch gute Freunde und Gönner bringen lassen Der Stockhausmeister, auf den wir später eingehen, erhielt dafür zwei Pfennige pro Tag sozusagen als „Korkengeld". Für ein Pfund täglich konnte man auch von ihm Nahrung und Getränke bekommen. Im Ratsprotokoll ist vermerkt, dass Frauen durch ihre Männer versorgt werden durften, was heißt, dass auch Frauen in diesem Kerker inhaftiert wurden. Die Todeskandidaten hingegen mussten mit Wasser und Brot, das ihnen der Aufseher gab, ihre letzten Tage oder Wochen fristen. Das Wasser war umsonst, das Brot musste bezahlt werden.

Wenn man das Glück hatte, wieder entlassen zu werden, wurden weitere Zahlungen fällig. Das Ratsprotokoll berichtet, dass für eine Stunde „Aufenthalt“ – es gab also auch stundenweise „Zeitstrafen“ – die Büttel, die Schergen des Schultheiß, neun Schillinge und der Stockhausmeister 15 Pfennige verlangten. Obwohl seit altem Herkommen die Obergrenze aller Zahlungen 15 Pfennige war, forderten und nahmen die Büttel in einem anderen Fall eineinhalb Pfund und mehr. Belegt ist auch, dass einem für drei Stunden Loch sogar zwei Pfund abgenommen wurden und sich hier auch noch der Schultheiß mit zehn (!) Pfund bereicherte. All diese Vorfälle führten natürlich zu Protesten des Rates beim gnädigen Herrn Fürstbischof, über deren Erfolg wir allerdings nichts erfahren und daraus nur schließen können, dass sie vergeblich waren. Der hohe Herr kümmerte sich nicht gerne um solche Kleinigkeiten.

Wenn die Delinquenten entlassen wurden, mussten sie noch den Bütteln Urfehde tun, geloben und zu den Heiligen schwören. In der Urfehde verpflichteten sie sich verbindlich und für immer, wegen der Inhaftierung weder an den Bütteln noch am Schultheiß oder sonst jemandem Vergeltung zu üben. Ja, man wusste sich schon abzusichern!

Das Ratsprotokoll hält für die Zeit von 1504 bis 1525, in der Tilman Riemenschneider dem Rat angehörte, zahlreiche Einzelfälle der Inhaftierungen im Loch fest. Da brachen bewaffnete Reisige (Kriegsknechte) im Verein mit einigen des Hofgesindes in das Haus eines Würzburger Bürgers ein, der nahe beim Frauenhaus „Zum Esel“ im Inneren Graben wohnte, und verwundeten ihn *uff den todt*. Die Reisigen flüchteten sich dann in das Barfüßerkloster, das Karmelitenkloster, in der gleichnamigen Straße. Das Hofgesinde suchte offenbar wieder Schutz bei seinen Domherren. Der Gardian, der Vorsteher, verschloss die Tore seines Klosters, um die Täter vor Verfolgung zu schützen. Das nützte ihnen aber nichts. Die Büttel des Schultheiß brachen das Torschloss auf, verhafteten zwei Übeltäter und legten sie ins Loch. Von dort wurden sie dann weiter in das Verlies des Schultheiß auf der Marienburg verbracht.

Dratz, der Kornmesser, der immerhin vereidigter Stadtbediensteter war und mit seinen geeichten Messgefäßen das Getreide beim Verkauf abwog, spielte seinem Mitbürger Stocklein übel mit. Die Ehefrau des Stocklein, die im Ratsprotokoll als Kupplerin bezeichnet wird, hatte es auf den Dratz abgesehen, und er war ihren Reizen so verfallen, dass er sie schließlich entführte. Endstation der Romanze war das gar nicht romantische Loch.

Auch der Kärrner Wirsching aus dem Stadtviertel Sand fand sich im Loch wieder, weil er sich nachhaltig weigerte, zu *reyßen,* d.h. an den Kriegszügen teilzunehmen, Wachdienste zu leisten und zu fronen, also auf Anforderung des Rats die allgemeinnützigen Arbeiten zu verrichten.

Nicht viel Verständnis zeigte der Rat mit denjenigen, die wiederholt ihre Wachdienste versäumten. Als probates Mittel, die Einsatzbereitschaft der für den Wachdienst Aufgebotenen zu steigern, sah der Rat einen Aufenthalt im Loch an. So erwartete zum Beispiel Hans Brenner für sein fünfmaliges schuldhaftes Versäumen einen ein- bis dreitägigen Strafaufenthalt im Loch. Genauso erging es dem Trussel. Der nahm einfach, wohl nach Beendigung seines Wachdienstes, eine Hellebarde, die einem anderen Wachverpflichteten gehörte, mit nach Hause. Vor die Bürgermeister geladen, erschien er nicht, sondern spottete noch über sie. Ein bis zwei Tage Loch kostete dieser *ungehorsam.* Die beiden Söhne der Eckert Mark, sie waren Junggesellen, noch keine Meister, machten Bekanntschaft mit dem Verlies, weil sie von den Scharwächtern schlafend auf der Wache erwischt wurden. Dafür kam eigentlich eher der Strafturm als das Loch in Betracht. Aber dann besaßen sie überdies die Frechheit, den Wächtern ein spöttisches und verächtliches Mundwerk anzuhängen. Und nachdem noch der Rat feststellen musste, dass *keine rede an ine helffen will,* gab es keine Alternative mehr.

Ein Wächter verließ unerlaubt seinen Wachposten, suchte Streit mit den Scharwächtern, fluchte lauthals auf der Straße und zeigte sich insgesamt überaus *mutwillig.* Das *besorgte* den Rat, dass dieses schlechte Beispiel Schule machen könnte und auch andere Wächter aufsässig würden. Zur Strafe und Abschreckung ließen sie den Wächter ins Loch stecken. Ein Dieb, der Geld gestohlen hatte, landete so wie die drei, die im Frauenhaus, dem städtischen Bordell, *geunfurt hatten,* auf dem ekligen Boden des Gefängnisses unter dem Grafeneckart. Die drei Wüstlinge im Frauenhaus durften erst nach drei Tagen wieder zurück ans Tageslicht.

Schließlich ist eine Straftat überliefert, bei der ein Mann verbotswidrig nicht heimischen, sondern fremden, heimlich eingeführten Wein ausgeschenkt hatte. Außerdem hatte er die Weinprüfer nicht in seinen Keller gelassen und damit verhindert, die zu versteuernden

Weinmengen zu ermitteln, und zu guter Letzt fand er, vor den Rat zitiert, viele stolze Worte und beleidigte den Rat. Das war zu viel des Guten. Der Rat verstand, wenn es an seine Ehre ging, keinen Spaß. Klar, dass der Weinausschenker, Steuerhinterzieher und Beleidiger des Rats im Loch verschwand.

Das Stockhaus

Für geringere Vergehen schien es dem Rat schon Mitte des 15. Jahrhunderts ratsam, ein neues Gefängnis zu errichten und das Loch für schwerwiegendere Fälle zu reservieren. Mit großen Kosten wurde das sogenannte Stockhaus in der Nähe des Rathauses errichtet, damit der *arme* nicht (mehr) wegen leichterer Verfehlungen ins Loch gelegt werde. Der Rat stellte sich vor, dass das Stockhaus vor allem bei Unzucht, Ungehorsam, Frevel, Mutwillen, Unfug auf der Straße, Ungehorsam bei der Wache und insbesondere bei Schuldigbleiben von Geld-, Steuer-und Zinsschulden „in Frage kam".

Die Verwaltung des Stockhauses und die Aufsicht über die Insassen führte der Stockhausmeister. Als Gehilfe arbeitete ein Stockhausknecht. Gleichzeitig war der Stockhausmeister für die Versorgung und Verwahrung der Gefangenen im Loch eingesetzt. Das Ratsprotokoll gibt nur wenige Nachrichten über Inhaftierungen im Stockhaus, etwa weil es die geahndeten Verfehlungen zum einen nicht wert waren, ins Protokoll aufgenommen zu werden, und zum anderen weil die Delinquenten schwerpunktmäßig im Strafturm „untergebracht" wurden.

Der Strafturm

Als weiteres Gefängnis in der Stadt diente der Strafturm. Sein Standort lag beim Katzenwickerhof an der Ecke Balthasar-Neumann-Promenade/Hofstraße an der Stelle der jetzigen Dependence der Hochschule für Musik. Für die Bestrafung bürgerlicher Delikte wie Wachvergehen, Beleidigungen unter den Bürgern, Beteiligung an Schlägereien, ohne dass Blut floss (!) und ähnlichen Delikten war der Strafturm der richtige Ort für die Bestrafung. Oft half schon die Drohung des Rates, einen auf den Strafturm *heyssen zu geen,* um den Bürger zum ordnungsgemäßen Verhalten zu bewegen.

Jahrzehntelangen Streit gab es zwischen Rat und Schultheiß um die Frage, wer Macht haben sollte, jemanden in den Strafturm zu schicken. Brauchte der Rat jeweils das vorherige Einverständnis des Schultheißen oder musste er ihn nur einschalten, wenn es um Entlassung ging? Die Berichte darüber, aber auch über zahlreiche Übergriffe des Schultheißen, der auch gerne mal Bürger, *on gnugsame ursach* oder *unuberwunden der rechten*, also aus geringfügigem Anlass oder ohne dass deren Schuld in einem ordentlichen Rechtsverfahren festgestellt war, in den Strafturm legte, sind sehr häufig. Weitere Beschwernisse waren unter anderem, dass der Schultheiß widerrechtlich Klagegeld nahm, sobald ein Bürger eine Klage anstrengte, von gefangen genommenen Bürgern zu hohe Gebühren eintrieb und Ehefrauen gegen ihre Männer schützte, so dass die Frauen zum Ungehorsam gegen ihre Männer aufgestachelt wurden. Gleiche Vorwürfe galten dem Verhalten der Büttel des Schultheiß, die überhaupt bestritten, dass die städtischen Scharwächter rechtmäßig tätig waren. Regelmäßig bekamen sie sich mit den Scharwächtern in die Haare und es gab Rangeleien bis hin zu handfesten Körperverletzungen, wenn beide Gruppen aufeinandertrafen.

Den Fürstbischof nervten die dauernden Querelen zwischen Rat und Schultheiß. Für das Jahr 1508 können wir nachlesen, dass der hohe Herr bei einer der zahllosen Beschwerden des Rates über den Schultheiß – es ging dieses Mal um Strafmaßnahmen bei Wachvergehen – aus der Haut fuhr. Er warf dem Rat vor, er, der Rat, wolle wohl Herr hier in Würzburg sein und *des sacks siben zipfel haben.* Diese Redewendung besagte, dass Übermäßiges verlangt werde, da man bei einem vollen Sack eigentlich nur drei Zipfel fassen kann. Er, der Fürstbischof, merke wohl, dass der Rat dem Schultheiß feind sei, er könne aber nicht immer einen Schultheiß, wie er dem Rat gefalle, haben. Trotzdem gestand er den Ratsherren zu, dass sie, wenn einer der Wächter ungehorsam beim Wachen angetroffen wurde, ihn ohne Genehmigung des Schultheiß auf den Strafturm *zu gehen heyssen* können. Aber wieder herausgelassen werden dürfe keiner ohne sein Einverständnis.

Drei Jahre später revidierte der gnädige Herr seine Entscheidung dahingehend, dass künftig niemand mehr ohne Einschaltung des Schultheiß in den Strafturm eingelegt werden dürfe. Auch wenn der Rat darauf hinwies, dass es zurzeit großen Ungehorsam bei den Wachen gäbe und der Schultheiß in der Nacht alleweg nicht zu erreichen wäre, nützte dies nichts. Sein Gnade blieb bei seiner Meinung, erklärte, dass dies im Domkapitel so beschlossen worden sei, er könne ohne das Kapitel daran nichts ändern. Dort solle der Rat sein Glück versuchen, ihm liege an der ganzen Frage *nit vil daran*. Der Rat hielt sich aber offensichtlich nicht immer an diese Vorgabe, sondern handelte selbstbewusst und daher auch oftmals, ohne den Schultheiß zu fragen. So bestrafte er einen Büttner mit 14 Tage Turm, den der Viertelmeister bei einem Brand angewiesen hatte, sich auf einen Wachtturm zu begeben. Der weigerte sich, beleidigte den Viertelmeister und ließ folgenden derben Sprüche los: „Der Teufel solle dreinschlagen", außerdem wolle er dem Viertelmeister *„auffs maul scheyssen"*. Fleißig schickte der Rat nachlässige Wächter auf den Strafturm oder ließ sie durch den Schultheiß darauf *geen heyssen*, soweit sie nicht in den regelmäßigen Sprechstunden der Bürgermeister zu leichteren Strafen „verdonnert" wurden. Mehr als nachlässig waren Valentin Dorß, der junge Keck und der Sohn des Jakob Schmidt, die während ihrer Wache auf dem Turm randaliert und miteinander gerauft hatten. Dafür setzte es ebenfalls 14 Tage. Ein Torschließer, obwohl vereidigt, verließ ohne Grund seinen Platz am Tor und ließ die Torschlüssel und seine Parten (Beile) einfach liegen. Als die Bürgermeister nach ihm schickten, ließ er nur verlautbaren, er wolle die Schlüssel nicht holen. Dafür rückte er in den Strafturm ein, gleich wie einer, der die Steuereinnehmer beschimpfte, sie hätten ihn übervorteilt und betrogen. Sogar Jugendliche waren nicht davor gefeit, im Strafturm einsitzen zu müssen. So erging es zwei Würzburger Buben, die auf Wallfahrt nach Dettelbach zur Kirche Maria im Sand waren. Die beiden waren aber nicht nur frommer Gesinnung, sondern hieben, wohl aus reinem Übermut, auf dem Weg dahin eine ganze Reihe Weidenstämme ab. Der Eigentümer erwischte sie dabei, nahm sie fest und übergab sie dem Rat der Stadt Würzburg. Und der verfrachtete sie in den Strafturm. Wie lange sie da ausharren mussten, wird nicht überliefert. Es werden aber sicher angesichts des jugendlichen Alters der Übeltäter nicht allzu viele Tage gewesen sein.

Die Aufsicht über das Gefängnis führte der Strafturmwärter. Er schwor dem Rat, den Turm getreulich zu versorgen, und, wenn er einmal des Tages zur Erledigung einer Angelegenheit vom Turm herabsteigen müsse, den Turm gut zuzuschließen oder für eine Vertretung zu sorgen. Er versprach, nur die Wächter und sonst niemanden darauf zu lassen, die Gefangenen die festgesetzte Zeit im Turm festzuhalten und niemand ohne Wissen der Bürgermeister zu ihnen zu lassen. Sollten die Turmwächter verschlafen, werde er sie wecken und im Übrigen die im Turm – wahrscheinlich in der obersten Etage oder auf dem Dach – gelagerten Geschosse und Waffen getreulich verwahren.

Der Feilsturm

Eine Art Sondergefängnis, der Feilsturm, der früher Heinleinsturm hieß, darf, obwohl er kein Gefängnis im üblichen Sinn war, nicht unerwähnt bleiben. Neben seiner Aufgabe als Wachtturm hatte er schon seit der Mitte des 15. Jahrhunderts eine besondere, schreckliche Funktion. Dort ging nämlich der „Züchtiger", der Henker, seiner unbarmherzigen Aufgabe nach. Er brachte die armen Angeklagten durch Foltern dazu, Auskunft zu geben und Geständnisse abzulegen. Im Ratsprotokoll für das Jahr 1504 findet sich eine interessante Notiz, nach der der Fürstbischof den Rat aufforderte, um den Turm herum eine Mauer zu errichten. Zur Begründung gab er an, dass nicht jedermann zu den Gefangenen kommen, sie warnen oder Hinweise und Nachrichten geben könne. Hinzu fügte er noch, die Mauer sei wichtig, damit die Aussagen und Schreie der Gemarterten außerhalb weniger klar und deutlich zu hören wären. Der Rat seinerseits hatte damit keine Probleme, er fühlte sich nicht *sonderlich beswert*. Der Turm wechselte in der Hochzeit der Hexenverfolgungen oder kurz danach wieder seinen Namen, und den hat er bis heute behalten: Es ist der im Zwinger unter der Hausnummer 32 stehende Hexenturm, in dem jetzt die Finanzverwaltung der Universität residiert.

Die Stadtbefestigung

Die Innere Stadtmauer

Um die Stadt zog sich ein mehrfacher Mauerring. Beginnend am Mainufer im Norden verlief der innere, ältere Bering, der die Stadt schon im frühen 11. Jahrhundert schützte, ziemlich genau entlang der heutigen Straßenzüge Juliuspromenade, Theaterstraße, Balthasar-

Neumann-Promenade und Neubaustraße wieder zurück zum Fluss. Da er dabei fast genau ein gleichseitiges Fünfeck abbildete, das in seiner Form einer bischöflichen Mitra glich, bezeichnete man diesen älteren Stadtmauerring als „Bischofshut".

Seit etwa 1200 war auch die Vorstadt Sand mit einer Erweiterung der Mauer in deren Schutz einbezogen. Sie setzte in der Neubaustraße an und verlief über den heutigen Zwinger, Rotlöwengasse und Tiepolostraße bis zum Mainufer im Süden. Die Mauer an der Neubaustraße selbst wurde abgetragen, der Graben zugeschüttet und auf ihm eine Straße, die Wagnergasse, angelegt.

Um die alte Stadtmauer besser gegen die inzwischen aufgekommenen Feuerwaffen und Kanonen zu schützen, lag vor ihr noch im Abstand von etwa sechs bis sieben Metern eine kleinere, niedrigere, etwa sechs Meter hohe und nicht so starke Mauer, die *Zwingermauer*. Reste davon sind noch heute in der Tiepolostraße gut zu sehen. Die Fläche zwischen ihr und der Altstadtmauer bildete einen sogenannten Zwinger. Sollten Angreifer die Zwingermauer überwunden haben, befanden sie sich auf einem freien Feld zwischen den beiden Mauern, auf dem sie von beiden Stadtmauern aus beschossen, *bezwungen* werden konnten.

Der Altstadtmauerring besaß natürlich, wie jede andere Stadtmauer auch, Pforten, Tore und etwa 50 größere und kleinere Türme, die die Stadt bewachten.

Die Haupttore konnten durch hölzerne Türflügel an der Vorder- und Rückseite verschlossen werden und waren mit einem Fallgitter an der Vorderfront gesichert. Waren die Tore nachts geschlossen, dann konnte man, wenn man sich verspätet hatte, durch ein Schlupftörlein im Torflügel noch hereingelassen werden. Die meisten Tore besaßen eine Zugbrücke, die sich über den vorgelagerten Graben spannte.

Über den Toren befanden sich oftmals ein oder zwei weitere Stockwerke, die die Stadt an die Wächter oder andere zuverlässige Bürger als Wohnungen vermietete. Damit war eine dauerhafte Bewachung sichergestellt. Aber auch dies hatte, wie so oft, eine Kehrseite. Je länger ein solcher „Mieter" auf dem Turm wohnte, desto gemütlicher richtete er sich nach und nach dort ein. Anlass zu Beschwerden und zu Aufforderungen des Rates, das Ganze abzutun, gab es dann, wenn der Wächter anfing, unten am Turm Kleinvieh oder gar Ziegen und Schweine zu halten.[20]

Den Auftakt der Bestückung mit Türmen und Toren machte im Norden am Main das später Ochsentor genannte *Innere Pleichacher Tor*. Es stand in der Verlängerung der Karmelitenstraße ein Stück weit hinein auf den kleinen Platz, wo jetzt die Straßenbahn im Bogen in die Juliuspromenade einbiegt. Erst in größerer Entfernung und nach der Biegung des Mauerrings um den Barbarossaplatz befand sich in der Achse der Theaterstraße gegenüber dem Bürgerspital am Ende der Eichhornstraße das *Spitaltor*. Wirklich ein Haupttor, das für den Verkehr aus und in die Stadt in drei Richtungen von großer Bedeutung war: Ein uralter Weg führte von Rimpar her durch die Bahnhof- und Textorstraße zu diesem Eintrittstor, ebenso wie der Verkehr von Schweinfurt kommend über den Greinberg, die Schweinfurter- und Semmelstraße. Und schließlich nahmen Fuhrwerke und Reisende von Nürnberg den Weg über den Galgenberg und den Rennweg, mussten dann durch das *Beckentor* und ein Stück an der Mauer entlang, bis sie Eintritt durch das Spitaltor nach Würzburg fanden. Von dort ging es weiter durch die damals enge Eichhorngasse zum Kürschnerhof und durch das Tor der fürstbischöflichen Kanzlei weiter zur Domstraße und zur Brücke.

Die nächste Möglichkeit, die Stadtmauer zu durchqueren, bot eine Pforte in der Balthasar-Neumann-Promenade an der Einmündung zur Hofstraße, der *Rennweger Schneller*. Am Ausgang der Neubaustraße neben der St. Michaelskirche stieß man wieder auf eines der Haupttore der Ummauerung, das *Stephanstor*. Wegen seiner Wichtigkeit war es besonders verstärkt und besaß noch ein Vorwerk mit Wehrgang und einen dreigeschossigen Viereckturm.

Etwas weiter südlich stand und steht noch heute im Zwinger Haus Nr. 32 der Feils- oder *Hexenturm*, auf dessen schreckliche Funktion schon eingegangen wurde. Anschließend folgte in geziemendem Abstand als eines der wichtigsten Tore mit Turm das mächtige *Sander Tor* am stadtauswärtigen Ende der Sanderstraße zwischen den Häusern Sanderstraße 37 und Tiepolostraße 21. Wegen seiner besonderen Bedeutung für die Sicherheit der Stadt war es mit einem mächtigen Vor- und Erdwerk und einer mit Flügelmauern bewehrten Brücke bestückt.

Den Abschluss der südlichen Befestigung bildeten die sogenannten *Roren*, ein hoher Rundturm am mainseitigen Ende der Tiepolostraße, wo heute der Hirtenturm des Elferrates der Würzburger Karnevalsgesellschaft steht.[21]

Für die Befestigung der rechten Mainuferseite der Stadt war nur eine Mauer ohne vorgelagerte Zwingermauer notwendig. Denn das Flussufer, das noch nicht durch Kaimauern eingefasst war und flach auslief, bildete ja ein natürliches freies Schussfeld. Von den Roren im Süden verlief sie entlang des Flussufers bis zum *Inneren Pleichacher Tor* im Norden. Die Tore in der Mainmauer waren zahlreicher, denn die in der Nähe des Mains wohnenden und arbeitenden Handwerker und Händler waren auf den Zugang zum Fluss angewiesen. Die Büttner benötigten für ihr Handwerk, wie dargestellt, jede Menge Wasser, ebenso die Metzger, noch mehr Wasser die Gerber zum Gerben der Tierhäute, die Kärrner zum Transportieren ihrer Fuhren eine Durchfahrt zu den ankernden Schiffen in gleicher Weise wie die Schröter, die die Weinfässer aus den Kellern der Würzburger Winzer zu den Schiffen *schröterten*, d.h. zogen, rollten und schleiften. Durchgang gewährten das *Spiegeltor* in der Büttnergasse, das *Mühltor*, das erste in der nördlichen Mainmauer, die dem Mühltor folgende *Kohlpforte*, durch die Kohlen und insbesondere auch Holzkohle angeliefert wurden. Durch das *Holztor*, das früher den Namen Rotes Tor trug und das dritte der Maintore nördlich der Brücke war, mussten das auf dem Fluss angelieferte Bau- und Brennholz, vor allem auch große Mengen an Holzpfählen für die Weinberge ins Stadtinnere gebracht werden.

Das Mainviertel auf der linken Mainseite war ebenfalls mit einer einfachen Mauer befestigt. Sie lief beginnend am Mainser Hirtenhaus nahe dem Fluss in gerader Linie bergauf zum Schottenkloster, das Klosterareal umschließend, weiter zum *Zeller Tor* etwa an der Schnittstelle Zeller Straße/Nigglweg, dann hinter dem heutigen Deutschhausgymnasium in leichtem Bogen zum *Telltor* am Ausgang der Neydeckgasse und endete schließlich am Felsabhang des Marienberges an der Tellsteige.

Die Äußere Stadtmauer

Schließlich waren auch die Vorstädte Pleich, Haug und Rennweg ab etwa 1330 nach und nach mit einer äußeren Stadtmauer, der Vorstadtmauer, umgeben.

Dazu hatte man zunächst die nördliche mainuferseitige Befestigung bis zur Pleichertorstraße verlängert, war dann nach Osten geschwenkt und hatte in einem Bogen das dahinterliegende Areal des heutigen Juliusspitals und der Universitätszahnklinik am Pleicherwall, folgend die Bahnhofstraße und dann den Berliner Ring erreicht. Hier bog die Mauer im rechten Winkel in den Rennweger Ring ab, verlängerte sich weiter durch das Areal des Hofgartens der Residenz und schloss dann an der Kreuzung Otto-/Neubaustraße an die alte, innere Stadtmauer an.

Allerdings war der Verteidigungswert dieser Mauer geringer. Sie war schwächer gebaut, besaß nur eine Mächtigkeit von zwei bis drei Fuß, und war nur teilweise duch wassergefüllte Gräben gesichert. Nur einmal war sie gefordert, angreifende Feinde abzuwehren. Das war beim Angriff des schwedischen Heeres unter Anführung seines Königs Gustaf Adolf im Jahre 1631. Da wurde sie sehr schnell überrannt und von den Verteidigern aufgegeben.

Als Eckpunkt im Norden stand das *Äußere Pleichacher Tor*. Das Tor war ein von zwei Türmen flankierter Torbau mit einer Brücke über den davorliegenden Wassergraben. 20 Meter daneben erhob sich der auffallende, weil 30 Meter hohe und quadratische *Schneidturm*, der heute noch neben dem Congresszentrum am Kranenkai steht und Ämter der Stadtverwaltung beherbergt.

Den Namen Schneidturm erhielt er erst im 18. Jahrhundert. Vorher hieß er „Faulturm". Die Bezeichnung hatte folgende Bewandtnis, die hier nicht verschwiegen werden soll: Im Turm wurden nämlich Menschen eingesperrt, die sich schwerster Verbrechen schuldig gemacht und zum Tod verurteilt waren. Eine Sage erzählt dazu, dass die Verurteilten durch eine Falltüre in die Arme einer mit Dolchen und Messern bewaffneten Eisernen Jungfrau gestürzt, dabei schauerllich zu Tode gekommen und anschließend dort verfault seien.[22]

Nach dem Schneidturm zog der Bering abbiegend nach Osten am *Baumgärtnerturm* vorbei, der hinter der Bohnesmühlgasse seitlich der Koellikerstraße stand. Ein Turm ohne Toröffnung, auf dem aber der Pleicher Hirt als Wächter wohnte.

Das folgende *Ellento*r am Ausgang der Klinikgasse stellte keinen Hauptdurchgang dar, es diente nur als Zugang zu der unmittelbar daran-, teilweise davorliegenden Ellenmühle und den vorgelagerten Grundstücken.

Das nächste, bedeutendere Tor war dann das *Pfaffentor*, das man durchqueren musste, wenn man von der Textor- und Bahnhofstraße hinaus zum Stift Haug wollte. Das Stift lag ja seinerzeit noch vor den

Stadtmauern auf einem Hügel auf dem heutigen Bahnhofplatz. Das Pfaffentor hatte seinen Standort in der Bahnhofstraße auf Höhe des Stiftshofes Mörrlein, heute Hausnummer 11.

In einem etwas größeren Abstand von etwa 500 Metern traf man dann wieder auf eines der bedeutendsten Tore, das *Galgentor*. Es regelte den reichen Verkehr auf der heutigen Schweinfurter Straße. Das Tor, etwas nördlich der Mündung der Kroatengasse in den Berliner Ring gelegen, war ein einfacher viereckiger Bau mit Obergeschoss und vorgelagertem trockenen Graben. Seinen Namen erhielt es, weil manch armer Sünder durch dieses Tor seinen letzten Gang zum Galgen gehen musste, vorbei an der kleinen Schächerkapelle beim *Dicken Turm* in der Schweinfurter Straße hinauf zum Rabenstein auf dem Krähenbühel (Krähenhügel), von dem der heutige Stadtteil Grombühl seinen Namen hat, dahin wo heute die Universitätsfrauenklinik steht. Nahm man den Weg entlang der Stadtmauer weiter gerade nach Süden, der ziemlich genau auf der Linie des Rennwegs an den beiden Gymnasien und der Johanniskirche vorbei verlief, stieß man auf der Höhe des nördlichen Eingangs zum Hofgarten auf das *Rennweger Tor.* Dies war ein Torhaus mit Schlagbaum und vorgelagertem trockenen Graben, den eine Holzbrücke überspannte. Sein Standort war wohl das Husarenwäldchen auf der Höhe des Eingangs zum Hofgarten. Es nahm den von Nürnberg und Kitzingen über den Galgenberg kommenden Verkehr auf und leitete ihn über die Theaterstraße zum Spitaltor weiter. Die Vorstadtmauer beschrieb dann im weiteren Verlauf einen flachen Bogen und schloss mit dem *Konradstor* in der Ottostraße auf Höhe der Einfahrt in das Justizzentrum neben dem Hexenturm wieder an die alte Stadtmauer an. Das Konradstor bot dem Weg Auslass, der zur Weingarten- und Sieboldstraße führte und damit den Bürgern Zugang zu ihren vor den Mauern liegenden Weingärten und Äckern verschaffte. Nebenbei bemerkt stammte das beim Umbau des Tores in den Jahren 1507 und 1508 angebrachte fürstbischöfliche Wappen des Lorenz von Bibra von der Hand Tilman Riemenschneiders.

Darüber hinaus gab es schließlich noch eine Mauer, deren genaue Zweckbestimmung ein wenig Rätsel aufgibt. Die Vorstädte Haug und Pleich waren durch die sogenannte *Mittelmauer* von der Rennweger Vorstadt abgetrennt. Die Mauer begann am Stadtgraben gleich neben dem Bürgerspital in der Theaterstraße, gegenüber dem Annastift, lief oberhalb der Ludwigstraße in nordöstliche Richtung bis zum heutigen kleinen Straßenkreisel Semmel-/Heine-/Neutorstraße/Kroatengasse/Kartause, bog dann nach Norden ab und traf wieder auf die äußere Stadtmauer auf Höhe der Prymstraße. Welchen Sinn und Nutzen dieser Teil der Stadtbefestigung hatte, ist, wie gesagt, nicht ganz klar. Vielleicht sollte die mit einem Kilometer äußerst lange und mit den vorhandenen Kräften – für das Jahr 1512 erfahren wir, dass für die Verteidigung der Stadt 1200 *person unnd manschaft* verfügbar waren – kaum zu verteidigende Befestigung um das dünn besiedelte Rennweger Viertel im Fall eines Angriffs zugunsten der Sicherung der größeren Bevölkerungszahl in Haug und Pleichach schnell aufgegeben werden.

Die Mittelmauer verfügte nur über zwei Tore. Das *Beckentor* am Stadtgraben am Ende der Theaterstraße/Ecke Ludwig- und Spiegelstraße, das den vom Rennweg kommenden Verkehr passieren ließ und an das Spitaltor weiterleitete, und kurz vor dem anderen Ende der Mittelmauer, an der Stelle des Straßenkreisels Semmelstraße, Karthause, Neutorstraße und Kroatengasse, das *Teufelstor.*

Brücken waren bekanntlich besondere Schwachstellen, wenn es darum ging, feindlich gesinnte „Besucher“ vom Betreten der Stadt abzuhalten. Stadteinwärts sicherte das *Innere Brückentor* den Zugang zur Stadt. Das Tor bestand eigentlich nur aus der Verlängerung der Mainmauer hinauf auf die Brücke und anschließend an das am nördlichen Brückenrand stehende Brückenzöllnerhaus. Gleich danach stand auf der Brücke die Gotthardskapelle. An ihrer Stelle befinden sich heute ein Optikergeschäft und ein Weinbistro mit den Hausnummern 2 und 4. Die Gotthardskapelle spielte eine wichtige Rolle bei der Amtseinführung eines neuen Bischofs. Bei seinem Eintreffen in die Stadt stieg er nachdem er die Brücke überquert hatte, von seinem Pferd ab und begab sich in die Kapelle. Dort legte er seine weltliche Kleidung ab und zog ein raues Büßergewand an. Als Gürtel diente ein Strick aus Hanf. An diesem Strick führte ihn der Marschall durch die Domstraße hinauf zum Dom, wo den Aspiranten das Domkapitel zur feierlichen Inthronisation erwartete.[23]

Auf der gegenüberliegenden linken Mainseite am *Äußeren Brückentor* begehrten nicht nur Bürger der Vorstadt Pleich, sondern auch die Bewohner der westlich benachbarten Dörfer, vor allem die Höchberger, Einlass. Jeder Fremde musste für seine Person, für jedes

Pferdefuhrwerk oder Ochsengespann und für die mitgeführten Waren, zu denen auch Tiere gehörten, dem Brückenzöllner nach einem festgelegten Tarif Zoll zahlen. Der stand, im Gegensatz zum Mainzoll, der in die bischöfliche Kasse floss, der Stadt zu, landete in der Schatulle des Stadtbaumeisters und war für den Bauunterhalt der Brücke zu verwenden. Nachts, das heißt wenn es 8 Uhr geschlagen hatte, wurde das Tor zugeschlossen und niemand mehr hereingelassen. Ausnahmen gab es nur mit Wissen der Bürgermeister, bei dringenden Botschaften der Herrschaft oder wenn Hebammen zu Geburten herbeigerufen wurden. Diese übrigens für alle Tore geltenden Regeln wollten manche der jüngeren adeligen Geistlichen, aber auch anderen hohen Herren nicht für sich gelten lassen, und so gab es deswegen häufig Streitigkeiten und sogar Schlägereien, wenn der Wächter den hochgestellten Persönlichkeiten in der Nacht die Tore nicht aufschloss.[24] Im Januar 1514 beklagte sich zum Beispiel der Wächter des Äußeren Brückentors beim Rat der Stadt, dass er bei Nacht oftmals von Angehörigen des Hofes und Kriegsknechten aufgefordert werde, sie in die Stadt zu lassen. Sie würden auch bisweilen behaupten, dass eine Frau in Kindesnöten liege und eine Hebamme brauche. Wenn er dann vom Torturm herabsteige, um nachzusehen, wer sie wären, bedrohten sie ihn, ihn über die Brücke in den Fluss zu werfen.

Das Mainviertel selbst bewachten im Übrigen nur das bereits erwähnte *Zeller* und das *Telltor* sowie das *Burkarder Tor*.[25]

Zum Zustand der Stadtmauern

Die Stadtmauern waren bei weitem nicht in einem tadellosen Zustand. Das war auch kein Wunder angesichts der überaus großen Länge der Befestigungsanlagen. Allein die Äußere Stadtmauer hatte eine Länge von fünf Kilometern.

Ständig musste den Bürgern, deren Häuser sich an die Stadmauer lehnten, verboten werden, Löcher, Fenster und Türen in die Stadtmauer zu brechen und die Ausgüsse ihrer Küchen und Aborte in den Zwinger zu leiten. Der Rat beklagt sich ausdrücklich, dass die Wehrgänge mit Brenn- und Bauholz und „Sperrmüll“ zugelegt und versperrt, zugeschüttet, zweckentfremdet, verbaut und sogar abgebrochen worden waren. Manche Bürger scheuten sich auch nicht, Rebenpfähle an die Stadtmauer anzulehnen, Wagen und Geräte abzustellen und sogar Ställe und Hallen anzubauen und so den inneren Zu- und Umgang zu versperren.[26] Die Stadtmauern standen weitgehend auf ungenügenden Fundamenten. Wind und Wetter, manchmal auch die hochwasserführende Pleichach brachten Teile davon wiederholt zum Einsturz. So war die Mauer beim Hof des Hauger Stiftsherrn Suppan, dem Stiftshof Mörrlein (heute Bahnhofstraße 11), und dem daneben stehenden Pfaffentor in den Bach gefallen. Die Mauer beim St. Marx-Kloster war ebenfalls eingefallen, sie wurde notdürftig mit Brettern gesichert. Bei den Roren stellte man größere Schäden fest. Bei der Berwinks Mühle in der jetzigen Wallgasse bröselte ebenfalls die Mauer. Immer wieder bemerkte man, dass Bürger an die Mauer oder sogar darauf gebaut hatten. Einer hatte ein *gewennd*, eine Wand, wahrscheinlich ein kleines Bauwerk, angebaut und Fechser, junge Rebstöcke, gepflanzt, ein anderer seinen Bau auf der Stadtmauer mit Fenstern nach außen zum Graben hin versehen. Eindringlinge hätten hier bequeme Einfallstore vorgefunden. Der „Bauherr" musste sie daher mit starken Eisen vergittern. Und schließlich hatte ein Anlieger einen Gang unter der Stadtmauer durchgegraben bis zum Felsen hin, vielleicht um einen Felsenkeller anzulegen, mit der Folge, dass natürlich die Standfestigkeit der Mauer gefährdet war.[27]

Gräben

Vor den Stadtmauern lagen etwa zehn bis 15 Meter breit und drei bis sechs Meter tief ausgehobene Gräben. Sie schützten nicht nur den Altstadtbering, sondern auch die Vorstadtmauer und sogar die Mittelmauer. Die meisten Gräben waren mit Wasser gefüllt. Dazu wurde die Kürnach, die von Lengfeld her zum Main floss, in einem künstlich angelegten Bachbett hin zur Theaterstraße beim heutigen Bürgerspital umgeleitet. Von hier verteilte sich das Kürnachwasser zum einen entlang der Theaterstraße und Juliuspromenade bis in den Main, zum andern vor der Stadtmauer an der Balthasar-Neumann-Promenade, am Zwinger und der Tiepolostraße entlang, an deren Ende es den Main erreichte. Auf diesen Strecken konnte man die Gräben als „nasse" halten, dagegen war eine Bewässerung der Gräben vom Galgentor im Nordosten bis zum Konradstor im Süden wegen der topografischen Verhältnisse nicht möglich.

Um zu verhindern, dass das Wasser zu schnell von den Gräben in den Fluss abfloss, wandte man ein ausgeklügeltes wasserbauliches System an: In gewissen Abständen waren in den Gräben Querdämme eingebaut, die das Wasser bis zu zwei Metern stauten. Bei (weiterem) stärkerem Bachzufluss lief das Wasser wie bei den heutigen Regenüberlaufbecken über die jeweiligen Dammkronen und füllte nach und nach die nächsten Grabenabschnitte. So konnte man das Grabensystem mit geringem Wasserverbrauch nass halten.

Aber den Gräben erging es oft so wie den Stadtmauern: Sie wurden als Abfallgruben zweckentfremdet, Unrat, sozusagen Sperrmüll, aus den Häusern, Abfälle aus den Gärten, ja tote Hunde, Katzen und Schweine waren darin zu finden.[28]

Die Torhüter, Torschließer, Scharwächter und der Wachdienst

Torhüter

Die Tore in den Stadtmauern und auf der Mainbrücke waren naturgemäß die Schwachstellen in der Stadtbefestigung. Niemand konnte und sollte so einfach und ohne Kontrolle in die Stadt eintreten oder gar reiten. Eine ganze Reihe von Tortürmen war daher mit städtischen Bediensteten, vom Rat ausgesuchten, vereidigten und von den Vierteln bezahlten Männern besetzt. Der Rat überzeugte sich vorher von der Zuverlässigkeit und Eignung der Bewerber um diesen Dienst, der durchaus begehrt war. Voraussetzung war unter anderem, dass man das Würzburger Bürgerrecht besaß und nicht „an der Unehe saß", also nicht in wilder Ehe lebte. Die Namen der Torhüter, auch Wächter genannt, werden jeweils im Ratsprotokoll überliefert und sind daher noch heute bekannt.

Bei besonderen Ereignissen, bei denen mit einer großen Zahl von Besuchern, wie bereits geschildert, gerechnet werden musste, wurde die Bewachung der Tore und Türme verstärkt. Das war regelmäßig bei den vier großen Messen Mittfasten, Kiliani, Michaelis und Allerheiligen der Fall. Beispielsweise wurde bei der Kilianimesse am Tag vor dem Festtag, am Kilianitag selbst und einen Tag danach die Wache auf dem Grafeneckartsturm tagsüber verdoppelt und auf den anderen wichtigen Türmen nachts ein Ratsherr zusammen mit einem Viertelmeister zum Wachen verpflichtet. Am St. Kilianstag selbst, dem 8. Juli, wurden darüber hinaus 60 Weppner, bewaffnete Männer, im St. Dietricher Viertel und acht Weppner im Mainviertel in der Steinhütte stationiert. Unter dem Spiegeltor in der Büttnergasse, dessen Portal heute noch erhalten ist, dem Mühltor, dem ersten in der nördlichen Mainmauer, und dem Roten Tor, das später den Namen Holztor erhielt und das dritte in der nördlichen Mainmauer war, hielt je ein Weppner die drei Tage Wache. Das Ellentor, das Konradstor und das Kohlpförtlein in der nördlichen Mainmauer blieben verschlossen.

Torschließer

Wichtig war es natürlich, nicht nur die besonders gesicherten Haupttore, sondern auch sämtliche anderen Tore, die einen Zugang zur Stadt ermöglichten, abends zu verschließen und morgens wieder zu öffnen. Diese Aufgabe oblag den eigens dafür vom Rat verpflichteten und auf ihre Pflichterfüllung vereidigten Torschließern. Sie besaßen die Schlüssel zu „ihren" Toren, hatten den Schließdienst sorgfältig zu verrichten, und sie durften sie des nachts niemandem ohne Wissen und Anordnung der Bürgermeister aufschließen. Bei ihrem Dienst hatten sie Waffen zu tragen. Die Torschließer waren keine berufsmäßigen, in einem Arbeitsverhältnis mit dem Rat stehenden Kräfte. Sie wurden vielmehr aus der Mitte der Bürger, meist aus den in der Nachbarschaft der Tore Wohnenden, rekrutiert. Diese bürgerliche Pflicht war naturgemäß nicht besonders beliebt, musste aber zumindest für jeweils ein Jahr erfüllt werden.[29]

Scharwächter

Wenn es abends dunkel wurde und die Bürger in Ruhe und Sicherheit schlafen wollten, dann machten sich die Scharwächter auf den Weg. Die Mannschaft bestand aus insgesamt 16 gestandenen und im Waffengebrauch geübten Männern, die der Rat aussuchte, anstellte, vereidigte und auch besoldete. Ihr Wachlokal hatten sie ebenerdig im Grafeneckart. *Allennthalben schaden zu verhutten* war, allgemein umschrieben, ihre Aufgabe. Bewaffnet mit Spießen und gerüstet mit Harnischen liefen sie *zwirennt*, also je zu zweit, eine vorgeschriebene

Route durch die Gassen und an die Tore und Türme der schlafenden Stadt. Ausführlich kann man bei Seberich[30] den genauen Gang nachlesen: „Jede Nacht sollte dreimal umgegangen werden, das erstemal nach Schließung der Tore zur Besichtigung derselben, Begreuffung der Schlosse[31] und Achtung darauf, ob die Wächter auf ihren Posten waren. Der zweite Umgang geschah nach Mitternacht zur „Besichtigung und Ermunterung der Wächter", das drittemal ungefähr gegen 3 Uhr. Die erste Hälfte der Wache nahm folgenden Weg: Über den Main zum Burkarder Tor südlich des Ritterstifts St. Burkard auf der linken Mainseite, zum Telltor am Ausgang der Neydeckgasse, zum Zeller Tor an der Schnittstelle Zeller Straße/Nigglweg sowie zum Hirtenhaus unten am Main, dann wieder zurück zum Büttnertor, später Spiegeltor genannt, in der Büttnerstraße, hinauf bis ans Sander Eck, innen entlang der Stadtmauer bis zum Stephanstor am Ausgang der Neubaustraße neben der St. Michaelskirche, von da zurück zur Wache im Grafeneckartsturm. Die zweite Gruppe ging vom Grünen Baum durchs Innere Pleichacher Tor am Schnittpunkt Juliuspromenade und Gerber-/Karmelitenstraße zum Äußeren Pleichacher Tor in der Turmgasse, um das Kloster St. Marx nördlich der Pfarrkirche St. Gertraud in der Pleich herum zum Baumgärtnerturm am Eingang zum Pleicher Wall, um das Julierspital[32] zum Pfaffentor in der Bahnhofstraße, über die Gullenmühle, der späteren Berwinksmühle, in der Wallgasse zum Teufelstor am Ausgang der Semmelstraße Richtung Kroatengasse, dann hinaus zum Galgentor etwas nördlich der Mündung der Kroatengasse Richtung Berliner Ring und zum Dicken Turm am Anfang der Schweinfurter Straße, dann die Rennweger Mauer entlang bis zum Konradstor in der Ottostraße. Von da herein, längs des Grabens, durch das Beckentor Ecke Theater- und Ludwigstraße und das Spitaltor gegenüber dem Bürgerspital zurück." Auf diesem Weg war jeder Wächter anzurufen, um sich von seiner Wachsamkeit zu überzeugen, im Übrigen war auf Verdächtiges und auf Feuersgefahr zu achten.

Die Unzuverlässigkeit der Wächter auf den Türmen stellte ein echtes Problem dar. Kurz und trocken hält der Stadtschreiber einmal fest, dass sie mehr schliefen als wachten. Manchmal griffen die Wächter zu dem Trick, ihr Lager an die Turmfenster zu rücken, um die Rufe der Scharwächter beim Schlummern nicht zu überhören.[33] Wenn sie aber tatsächlich beim Schlafen ertappt wurden, meldeten sie die Scharwächer bei den Bürgermeistern, die für die Bestrafung sorgten.

Nicht nur Seberich[34] schildert, wie gefährlich der Dienst der Scharwächter war. Auch das Ratsprotokoll enthält zahlreiche Einträge über unliebsame Vorkommnisse. Die Scharwächter mussten sich nicht nur mit betrunkenen Nachtschwärmern und streitlustigen Handwerksgesellen auseinandersetzen, sie gerieten auch in blutige Handgemenge und Schlägereien. Es gab sogar schmerzhafte Überfälle auf sie von jungen Adeligen und Knechten der Domherren, auch Bürgersöhne machten regelrecht Jagd auf die Scharwächterstreifen.

Mit den Leistungen der Scharwacht war der Rat allerdings auch nicht immer zufrieden. Manchmal schossen die Ordnungshüter bei ihren Einsätzen über das Ziel hinaus, wurden handgreiflich, verletzten sogar die Festgenommenen oder waren nachlässig auf den Rundgängen.

Als der Rat einmal feststellen musste, dass zu viele *ungeschickte* Leute als Scharwächter angeheuert worden waren, vermutete er selbstkritisch, dass das an dem verhältnismäßig niedrigen Lohn von vier oder fünf Pfennigen, wohl je Nacht, liegen könnte.

Wachdienst

Mit dem Bürgerrecht erwarb man sich nicht nur gewichtige Rechte und Privilegien wie die persönliche Freiheit nach dem Motto: „Stadtluft macht frei“, ein erbliches Grundbesitzrecht, das Privileg, sich nicht vor auswärtigen Gerichten verantworten zu müssen, das passive Wahlrecht für den Rat und die Viertelmeisterposten und das Recht auf Schutz durch die Stadt. Wie jede Medaille zwei Seiten hat, so war auch mit dem Bürgerrecht gleichzeitig eine umfassende Reihe von Pflichten verbunden. Dies fasste man mit dem Begriff *mitleyden mit der stat haben* zusammen. Mitleyden bedeutete die Verpflichtung, die vollen bürgerlichen Lasten zu tragen, alle Steuern und Abgaben zu zahlen, auf Anforderung zu fronen, das heisst gemeinnützige Arbeiten, oftmals im Straßenbau oder im Steinbruch, zu erledigen, sich an der Verteidigung der Stadt zu beteiligen und an Kriegszügen teilzunehmen, und, was hier besonders interessiert, nächtliche Wachdienste zu übernehmen. Alle 50 Türme der inneren Stadtmauer – zusammen mit den Toren und Türmen der Vorstadtbefestigung waren es sogar 90 – mit berufsmäßigen Wächtern zu besetzen, überstieg die Finanzkraft der Stadt. Daher waren alle Bürgerinnen und Bürger verpflichtet, und das traf Männer und Frauen gleichermaßen, eine Nacht lang an einem ihnen vom sogenannten Wachgebieter zugewiesenen Tor oder auf einem Turm Wache zu halten. Durchschnittlich war man alle vier Wochen einmal an der Reihe. Dass dieser Wachdienst höchst unangenehm war, liegt auf der Hand. Man muss sich vorstellen, dass einen die Anforderung des Wachgebieters nach harter und langer Tagesarbeit sogar noch für dieselbe Nacht treffen konnte. Und man sollte noch bis zum nächsten Morgen die langweilige Zeit über die Augen aufhalten! Dass man dafür einen eher kleinen Wachlohn erhielt, machte die Sache nicht attraktiver. So ist es nicht verwunderlich, dass sich die Berichte über die mangelhaften Zustände beim Wachdienst häuften.[35]

Eine schöne Quelle sind die Protokolle über die regelmäßigen Sprechstunden der Bürgermeister in den Jahren 1504 bis 1509.[36] Fast überwiegend handeln sie von Versäumnissen der Wachen. Interessanter als die dafür ausgesprochenen Strafen sind dabei die Begründungen und Ausreden, die die Säumigen zu ihrer Verteidigung vorbrachten. Eine Frau berief sich zum Beispiel darauf, sie wohne jetzt bei ihrer Base in einem anderen Viertel, weil ihr Mann sie verlassen habe. Daher habe sie die Aufforderung zum Wachen gar nicht erhalten. Ein anderer machte geltend, dass seine Frau sehr krank sei, was ihm als Entschuldigung anerkannt wurde. Eine Wachverpflichtete meinte, sie müsse nicht wachen, weil sie keine eigene Wohnung habe und arm sei. Arm und krank sein, arm und ein kleines Kind versorgen müssen, im Kindbett liegen oder an Krücken gehen müssen, waren weitere Argumente, warum man nicht auf dem befohlenen Turm erschien. Eine beliebte Begründung war, man habe einen Vertreter oder seinen Knecht beauftragt, der habe kurzfristig abgesagt oder sei unentschuldigt weggeblieben. Einer schob die Schuld auf seine Frau: Die habe er zwar beauftragt, sie habe es aber vergessen. Manche gaben zu, es einfach vergessen zu haben, ein anderer behauptete, die Türme verwechselt und Wache auf einem falschen Turm „geschoben" zu haben. Ein Barbier bei den Augustinermönchen weigerte sich: Seiner Meinung nach sollten es seine Herren, die Mönche, tun. Ähnliche Begründungen waren, man sei nur Bote oder Diener und daher gar nicht wachpflichtig. Auch der Ungeltschreiber glaubte aufgrund seines Berufes frei zu sein, hatte sich aber (ziemlich) geirrt. Einige wurden angeblich zu spät am Abend, als man schon die

Lichter angezündet hatte, zum Wachdienst aufgefordert. Einfallsreich war die Ausrede, der Wachgebieter habe sich getäuscht und nicht ihn, sondern seinen Nachbarn ausgeschrien, wie auch die des Mieters in einem großen Hof in der Stadt, dem die Wirtin versichert habe, er sei als ihr Mieter vom Wachdienst befreit. Aus diesem Grund müsse er auch einen erhöhten Mietzins zahlen. Häufig wurde vorgebracht, man sei gar nicht in der Stadt gewesen. Nicht besonders originell und ziemlich ergebnislos war schließlich die Behauptung, man sei gar nicht zum Wachen aufgefordert worden. Die Bandbreite der Strafen reicht von der bloßen Ermahnung und dem abgenommenen Versprechen, *es nymer zu thun*, über die Verpflichtung, die Wache heute, am Tag der Verhandlung beim Bürgermeister, nachzuholen, anstatt der versäumten zwei, bei Versäumen auch dieser dann vier Wachdienste zu leisten, über Geldbußen in Höhe von zwei Pfennigen bis hin zur Drohung mit dem Strafturm und im Wiederholungsfall mit einer Anzeige beim Schultheißen.

Die Herrschaft

Der Bischof

Landes- und Stadtherr war der Bischof. Durch die „Güldene Freiheit", im Jahr 1168 verliehen von Kaiser Friedrich I. Barbarossa, hatten die Würzburger Bischöfe den Rang eines Reichsfürsten erhalten. Sie gehörten damit dem Kollegium des Reichsfürstenrates an und hatten Sitz und Stimme im Reichstag. In der Folgezeit nannten sie sich, gestützt auf die kaiserliche Urkunde mit dem goldenen Siegel, Herzöge von oder auch zu Franken. Ob es bei dieser Privilegierung ganz mit rechten Dingen zugegangen war, ist bis heute umstritten.[37] Auf jeden Fall waren die Würzburger Bischöfe von nun an Fürstbischöfe, die in Personalunion sowohl Inhaber der geistlichen Macht im Bistum als auch Landesherren in ihrem Hochstift genannten Hoheitsterritorium waren. Sie begegneten ihren Untertanen weniger als Künder der Heilsbotschaft, sondern mehr als Inhaber und Repräsentanten weltlicher Gewalt, als diejenigen, die Gesetze und Polizeiverordnungen erließen, nicht zuletzt als Forderer von Steuern, Abgaben und Diensten.[38] Die Stadt Würzburg war – kurz gesagt – eine Bischofsstadt.

Das Hochstift Würzburg zählte zu den bedeutenden geistlichen Fürstentümern des Reichs, allerdings nicht zu den größten nach Fläche und Bevölkerung.

Es erstreckte sich im Westen bis an den Spessart, wo die Grafschaft Wertheim und das Mainzer Hoheitsgebiet begannen, 30 Kilometer nach Norden bis zum Gebiet der Reichsstadt Schweinfurt und des Stiftes Fulda, im Nordosten bis zum Einflussbereich des Erzbischofs von Bamberg. Nach Südosten begrenzten die Markgrafschaften Brandenburg-Ansbach und Brandenburg-Kulmbach jede Ausdehnungsmöglichkeit, und 25 Kilometer nach Süden stieß das Hochstift an die Grenzen der Reichsstadt Rothenburg, des Deutschen Ordens und der Grafschaft Hohenlohe. Für den Beginn der frühen Neuzeit gibt es leider keine verlässlichen Zahlenangaben, wieviele Orte und Einwohner dem Hochstift tatsächlich unterstanden. Um uns ein ungefähres Bild machen zu können, werfen wir unseren Blick voraus auf das Jahr 1600: Da umfasste das Hochstift dann immerhin 29 Städte, 54 Ämter, 575 Dörfer, 59 Einzelhöfe und Mühlen mit insgesamt rund 135.000 Untertanen.[39]

Als Landesherren besaßen die Würzburger Bischöfe alle üblichen Hoheitsrechte, insbesondere die Gerichtsbarkeit und Regalien wie das Zoll- und Marktrecht, das Münzregal und das Geleitrecht. Tilman Riemenschneider erlebte als Würzburger Bürger drei dieser hohen Herren. Als er 1483 in die Stadt kam, regierte Fürstbischof Rudolf von Scherenberg, ein weiser und durchsetzungsfähiger Mann. Während seiner fast dreißigjährigen Regierungszeit sanierte er das bei Übernahme bankrotte Hochstift und brachte es wieder in geordnete finanzielle Bahnen. 1495 folgte Lorenz von Bibra, ebenfalls ein hochangesehener und zugleich beliebter Herrscher. Er starb im selben Jahr 1519 wie seine Kaiserliche Majestät Maximilian I. von Habsburg. Auf dem Würzburger Bischofsstuhl nahm nun Konrad III. von Thüngen Platz, mit dem Riemenschneider später äußerst schlechte Erfahrungen machen musste.

Wagner beschrieb jüngst, welche Sorgen sich der neu gewählte Bischof Konrad machte, ob seine bisherigen Regalien, Lehen und Privilegien, die ihn ja erst zum Fürstbischof machten, auch vom neuen Kaiser bestätigt werden würden. Der zwanzigjährige Enkel Maximilians, Kaiser Karl V., empfing ihn im März 1521 auf dem berühmten Reichstag zu Worms, auf dem einen Monat später Martin Luther aufgefordert wurde, seine Lehre zu widerrufen. Die Schilderung ist so bunt, dass sie hier wörtlich wiedergegeben werden soll:

„Das Belehnungszeremoniell war üblicherweise pompös. Auf dem oberen Markt in Worms war ein kaiserlicher Thron gezimmert worden, auf dem Karl, geschmückt mit der Krone, am 5. März Platz nahm. Vor ihm standen die Fürsten und Edelleute mit Szepter, Reichsapfel und Reichsschwert. Thüngen ritt mit seinen Begleitern vor den Lehensstuhl und bat um Regalien, Lehen und Bestätigung seiner Privilegien, eben der Hoheitsrechte von Hochstift und Bistum Würzburg.

Der Kaiser stimmte zu, die Würzburger Abordnung galoppierte zwei Mal unter Trompetengeschmetter mit der rotseidenen Blutfahne, der Stiftsfahne und der Fahne des Herzogtums (Fränkischer Rechen) vor den kaiserlichen Stuhl und übergab diese abwärts gesenkt. Konrad von Thüngen stieg vom Pferd, kniete vor dem Kaiser nieder, leistete als künftig treuer Lehensmann seinen Eid auf das Evangelium und erhielt die Banner aus der Hand des Herrschers zurück. Damit war er belehnt“.[40] Zufrieden und sich seiner Machtfülle bewusst konnte er seinen Heimweg nach Würzburg antreten.

Das Domkapitel

Nach und nach hatte es das Domkapitel in den vergangenen Jahrzehnten und Jahrhunderten geschafft, eine gegenüber dem Fürstbischof immer stärkere und einflussreichere Stellung zu erringen. Seine ursprüngliche Rolle als geistliches Ratsgremium für den Fürstbischof hatte es zu einem weiten Teil der Herrschaft über das Stift und die Stadt Würzburg ausweiten können. Das Domkapitel bildeten 24 Domherren, auch Kapitulare genannt. Dazu gab es 30 Domizellare, junge Kanoniker, die aber noch keinen Sitz und keine Stimme im Kapitel besaßen. An der Spitze stand der Domprobst als erste Dignität. Der Domdechant oder -dekan, der zweite Würdenträger mit leitender Funktion, vertrat den Probst. Das Domkapitel war eine rechtlich selbständige, rechtsfähige und mit eigenem Vermögen und eigenen Rechten ausgestattete Körperschaft. Seine besondere Machtstellung beruhte auf dem Recht, den Bischof zu wählen, in mehr als der Hälfte der Fälle aus seiner Mitte. In sogenannten Wahlkapitulationen musste zudem jeder neu gewählte Bischof die überkommenen Rechte und

Zuständigkeiten des Kapitels durch Schwur bekräftigen und ihm nach Möglichkeit weitere neue einräumen.

Das Würzburger Domkapitel gehörte zu den größten und bestdotierten im Reich. Es entschied selbständig über Neuaufnahmen, nur Adelige, überwiegend Ritterbürtige aus den fränkischen Landen, wurden in das Gremium aufgenommen. Das Domkapitel hatte daher großen Zulauf zu verzeichnen, auch von vielen, bei denen die religiöse Berufung nicht so sehr im Vordergrund stand. Oft waren es Nachgeborene aus Adelshäusern, die aber nicht selten die höheren Weihen wegen der damit verbundenen Ehelosigkeit scheuten. Fiel nämlich der Erstgeborene durch Tod aus, was in diesen kriegerischen Zeiten nicht selten vorkam, konnte man (gegebenenfalls) leicht wieder aus dem geistlichen Stand ausscheiden, um den Fortbestand der Familie zu sichern. Für die, die dauerhaft dem Kollegium angehörten, bot sich die Möglichkeit, durch Ämterhäufung, also den Erwerb weiterer Kapitularstellen in anderen Bistümern, für eine gute finanzielle Ausstattung zu sorgen, wenn man nicht sogar nach der „Krone", dem Bischofsamt, greifen konnte. Doppel- oder gar Dreifachämter sind zum Beispiel bekannt mit Bamberg, Eichstätt, Mainz und Trier.

Selbstverwaltung durch den Rat der Stadt

Gegenüber dieser machtvollen Herrschaft, die der Stadtschreiber, wenn er den Fürstbischof meint, stets mit „Seine fürstlichen Gnaden", „Seine Gnaden", „Unser gnädiger Herr", und die Herren des Kapitels mit „Unsere gnädigen Herren" tituliert, konnte der bürgerliche Rat der Stadt ein nur sehr stark beschränktes Recht der Selbstverwaltung behaupten. Zwar waren seit dem 13. Jahrhundert das Selbstbewusstsein der Stadtbürger und ihr Wille, unabhängig von einer geistlichen Herrschaft die städtischen Angelegenheiten selbst zu regeln, immer stärker geworden. Es ging um Selbstverwaltung, um weltliche und geistliche Gerichtsbarkeit, um das Recht der Siegelführung und die Verfügung über die Stadtbefestigungen sowie um das Recht der Handwerker, sich in Zünften, die auch politische Korporationen waren, zusammenzuschließen. Über fast drei Jahrhunderte dauerte das Ringen zwischen Bischof und Stadt in einer kaum unterbrochenen Reihe von Unruhen, Konflikten und Auseinandersetzungen, durchaus auch blutigen Kämpfen. Zimperlich war zu dieser Zeit keine der beiden Seiten: Überfall und Gefangennahme eines Bischofs, Zerstörung der bischöflichen Neuenburg in der Sander-/Landwehrstraße, Plünderung der Wirtschaftsgebäude und Weinkeller der Domherren und der Klöster einerseits, andererseits Zurückdrängen der Zünfte und der Bedeutung und Befugnisse des städtischen Rates, der in dem Versuch gipfelte, den Rat selbst, die Ratsglocke, das Rathaus und die Bürgermeister abzuschaffen, Belegung der Stadt mit dem Bann, die Belagerung und Aushungerung der Stadt durch den Bischof, was zur Vernichtung von tausend Würzburgern in der Schlacht von Bergtheim am 11. Januar 1400 führte, kennzeichnen den Verfassungskampf zwischen Stadt und geistlicher Herrschaft. Letztendlich behielt die bischöfliche Seite die Oberhand. Die kühnen Träume von der Reichsfreiheit, also nicht mehr den geistlichen Herren, sondern nur noch dem Kaiser untertan zu sein, was benachbarte fränkische Städte wie Rothenburg und Schweinfurt, Hall und Windsheim, sogar Dörfer wie Gochsheim und Sennfeld, nebenan auch Heidingsfeld, auszeichnete, hatten sich nicht erfüllt. Der Rat musste und durfte sich „nur“ um die Sicherheit seiner Stadt, den Bau und die Unterhaltung der Stadtmauern, um die Landwehr und die Bewachung der Stadttürme und Tore, um die Unterhaltung der gemeinen öffentlichen Straßen und Plätze und um die Schlichtung von Streitigkeiten kümmern. Den städtischen Haushalt einschließlich der Einziehung der städtischen Steuern verwaltete der Rat ohne Einfluss der Obrigkeit ebenso wie das bürgerliche Spital, das Siechen- und das Frauenhaus. Neue Ratsmitglieder konnte er dagegen nicht ohne Mitwirkung der Obrigkeit aufnehmen, wenigstens redeten Fürstbischof und Kapitel nicht in die jährlichen Bürgermeisterwahlen hinein. Ging es um die öffentliche Sicherheit und Ordnung, setzte das Handeln des bischöflichen Schultheißen dem Tun des Rats oftmals Grenzen. Die besonders wichtigen Angelegenheiten regelte im Übrigen der von der Geistlichkeit dominierte Oberrat.[41]

Zusammengefasst muss man feststellen, dass der Wirkungskreis des städtischen Rates zu Beginn der Neuzeit in keiner Weise mit dem heutigen, verfassungsrechtlich garantierten Selbstverwaltungsrecht der Gemeinden vergleichbar ist. Der Rat der Stadt Würzburg war lediglich ein Organ beschränkter Selbstverwaltung, das nur in Abhängigkeit vom Landesherrn und Domkapitel agieren konnte. Das höchste Organ der Stadt, der Rat, konnte sich nur durch Vorsprachen,

Berichte, Bittschriften und Beschwerden, die formal und inhaltlich seine Unterordnung widerspiegelten, an die Obrigkeiten wenden und empfing seinerseits von diesen Anweisungen.[42]

Ungemein bitter waren die Folgen des Bauernkrieges im Jahr 1525 für Rat und Stadt. Der siegreiche Fürstbischof Konrad von Thüngen ließ auch noch die wenigen bisherigen Selbstverwaltungsbefugnisse der Bürgerschaft allesamt aufheben, Wahl und Entlassung der Ratsherren und des Stadtschreibers oblagen künftig ausschließlich dem Landesherrn und dem Domkapitel. Der Rat verlor das Recht der Selbstversammlung, zu den Sitzungen berief ihn künftig der Schultheiß ein, der auch die Sitzungen leitete und die Tagesordnung vorschrieb.[43] Für die gesamte städtische Korrespondenz wurde eine Zensur eingeführt. Nicht einmal mehr durfte der Rat über Bürgeraufnahmen entscheiden. Und schließlich wurde ihm, was besonders schmerzte, die Verwaltung des Bürgerspitals entzogen. Erst im Jahr 1540 räumte der Landesherr Rat und Stadt wieder begrenzte Selbstverwaltungskompetenzen ein.

Zweiter Teil
Tilman Riemenschneider – Ratsherr und Bürgermeister

Der neue Ratsherr

Tilman Riemenschneider hatte es in den 21 Jahren, seitdem er in Würzburg lebte und arbeitete, zu etwas gebracht. Hervorragende Werke zeugten von der überragenden Kunst des Bildschnitzers und Bildhauers. So Adam und Eva am Südportal der Marienkapelle in Würzburg, in Münnerstadt der Magdalenenaltar, eine der ersten Schnitzaltäre, der entgegen aller Gepflogenheiten ohne farbige Fassung, also Bemalung, auch der Flügelrückseiten, blieb, Figuren für einen Kreuzaltar sowie ein Chorbogenkruzifix in der Kilianskirche zu Windsheim, die Vierzehn-Nothelfer-Gruppe für das Hofspital in Würzburg, der grandiose Heilig-Blut-Altar in der Jakobskirche zu Rothenburg, der als einzigartig unter den spätgotischen Schnitzaltären gilt. Sogar der Fürst und Landesherr, Fürstbischof Lorenz von Bibra, hatte ihm die herausragende Aufgabe übertragen, ein Grabmal für seinen verstorbenen Vorgänger Rudolf von Scherenberg zu fertigen, noch heute eines der vorzüglichsten Kunstdenkmäler im Dom zu Würzburg. Und schließlich der wohl ehrenvollste Auftrag des gesamten Wirkens des Meisters, nämlich die Schaffung des Kaisergrabes für die Gründerheiligen des Bistums Bamberg, Kaiser Heinrich II. und seine Frau Kunigunde, zu bestaunen im Dom zu Bamberg.

Dem künstlerischen Erfolg hatte sich auch Wohlstand zugesellt. Vornehmlich hatte ihn Tilman Riemenschneider durch Heiraten erworben. Anna Schmidt, seine erste Frau, die Witwe des Goldschmiedemeisters Ewald, hatte ihm, dem jungen Gesellen der Malerzunft, mit Haus und Werkstatt in der Franziskanergasse, dem Hof zum „Wolffmannsziechlein", die Möglichkeit verschafft, Bürger der Stadt zu werden und als selbständiger Meister seinen Beruf auszuüben. Von seiner zweiten Frau Anna Rappold, die er zwölf Jahre später nach dem Tod Anna Schmidts ehelichte, stammte ein Haus hinter der Münze, nahe dem Rathaus in der Domstraße. Auch für Krankheit und das Alter war bereits Vorsorge getroffen. Für 50 Gulden hatte er sich einen Platz im Bürgerspital gesichert und in der Nähe der Rimparer Steige und im Lindlesberg rentierlichen Immobilienbesitz, mehrere Morgen Weingärten, den Morgen zu 32 Gulden, erworben.

Und jetzt, im Jahre des Herrn 1504, ungefähr im 44. Lebensjahr stehend, betrat Tilman Riemenschneider die politische Bühne der Stadt Würzburg. Als Mann von nicht geringer Lebenserfahrung, ein erfolgreicher und angesehener Meister seines Faches, der eine große Werkstatt betrieb, in der mehrere Lehrbuben und Gesellen arbeiteten,[44] dessen Kunst über die Würzburger Lande hinaus gefragt und geschätzt wurde. Und nun befand man den einst Zugezogenen, der mittlerweile einem Haushalt vorstand, der mit den Kindern, Knechten, Mägden, Lehrbuben und Gesellen an die 30 Personen umfasste und damit über die im Handwerk übliche Größe hinausragte und denen der städtischen Oberschicht gleichkam,[45] der zum geschworenen Meister, also zum Vorsteher seiner Zunft gewählt worden war, auch für würdig und geeignet, das hohe Amt eines Würzburger Ratsherrn angetragen zu bekommen.

Der Ratsherr Hans Kumel war gestorben, sein Platz in der Runde der 24 Ratsherren leer. Der Rat der *stat wurtzpurg* trat daher am vierten Tag nach dem Heiligentag der Apostel Simon und Judas Thaddäus, am 31. Oktober 1504, zusammen und erstellte, wie es seine Pflicht war, eine Vorschlagsliste für einen Nachfolger.

Die Liste, *zettel* genannt, enthielt, wie seit längerem üblich, sechs Personen, aus denen der neue Ratsherr ausgewählt werden sollte. Sie waren alle männlichen Geschlechts, denn Frauen waren nicht ratsfähig. Die Kandidaten mussten nicht mehr wie früher einem angesehenen Patriziergeschlecht entstammen, zumindest aber Bürger und unbescholtenen Leumunds sein, sicher auch eine gewisse gesellschaftliche Stellung und finanzielle Unabhängigkeit vorweisen, um in die Liste aufgenommen zu werden, wie es nun auch Tilman Riemenschneider möglich war. So benannte der Rat in seinem Zettel folgende Bürger: An erster Stelle Hans Kumellein (Kumel), Lober zu Pleichach, einen Weißgerber aus dem Stadtteil Pleich, dann den Wirt „Zur Schleie“, Balthasar Wirtzburger, der sein Gasthaus in der Wagnergasse, heutigen Neubaustraße, betrieb. Es folgten der Viertelmeister des Hauger Viertels, Claus Schmidt, der Wirt Hans Witstatt, dessen Gaststätte neben oder in dem Hof Klingenberg am oberen Markt stand, dann Meister *Tyll Rymenschneider* und schließlich Jorg Spon, Viertelmeister im Gänheimer Viertel und Wirt „Zum Rebenstock“, ebenfalls in der Wagnergasse.[46]

Das Wahlverfahren nahm dann seinen weiteren, seit Jahrzehnten geübten Verlauf. Zwar lag das Vorschlagsrecht für das neue Ratsmitglied beim Rat, aber die (Aus-)Wahl durfte er nicht treffen, geschweige denn die Bürgerschaft oder die Gemeinde. Dieses Recht war der Herrschaft, dem Bischof und dem Domkapitel, vorbehalten. Abwechselnd suchten sie sich einen ihnen genehmen Kandidaten aus und waren dabei nicht einmal an die Vorschläge des Rats gebunden.

Also überantwortete der Rat den Zettel *einem thumcapitel* (Domkapitel), *einen in rathe doraus zu benennen, als es itzt an in gewesen ist.* Das Domkapitel entschied sich für den Holzbildschnitzer und Steinbildhauer Tilman Riemenschneider.

Überraschend die Auswahl, denn Riemenschneider war ja erst an fünfter Stelle auf dem Vorschlagszettel des Rates platziert. Und er konnte auch noch keinerlei kommunalpolitische Erfahrungen vorweisen, was oft von Vorteil für die Kandidatur war, hatte sich nicht als Viertelmeister oder wenigstens als Rechenmeister in einem der acht Stadtviertel qualifiziert. Diese „Verwaltungschefs" der einzelnen Stadtviertel wurden vom Rat gewählt und waren ihm gegenüber weisungsgebunden und rechenschaftspflichtig. Ihnen arbeiteten Rechenmeister, auch Sechser genannt, die sie in finanziellen Dingen berieten und die Viertelrechnung führten, Schreiber und ein Knecht zu. Sie erhoben in ihrem Viertel das Wach-und Wochengeld, sorgten für Getreidevorräte, teilten Brot in den Viertelhäusern aus und mussten die öffentlichen Brunnen instand halten. Außerdem wurden sie zu Feldbesichtigungen, bei Markungsstreitigkeiten und zur Sicherung der Landwehr herangezogen. Sie waren das Bindeglied zwischen ihrem Viertel und dem Rat, vertraten aber in erster Linie die Interessen ihrer Einwohner. Die Viertelmeister waren also gleichsam die kleinen Bürgermeister ihres Viertels.[47] Riemenschneider besaß diese Qualifikationen nicht, vielleicht gaben aber seine Kunstfertigkeit und die vielen bewundernswerten Kunstwerke mit religiösen Motiven den Ausschlag für *unnsere gnedigen herren des capitels,* ihn den anderen Kandidaten vorzuziehen.

Am 13. November präsentierten dann die amtierenden Bürgermeister Ortolff Groß und Endres (Andreas) Schlosser in einem feierlichen Akt den neuen Ratsherrn im Domkapitel. Dort leistete Meister Till dem Marschall Hans Truchsess von Wetzhausen, der als ranghöchster Würdenträger am bischöflichen Hof seinen Herrn vertrat, und dem Domdechanten Martin von der Kere in Vertretung des Domkapitels folgendes Gelöbnis: Er werde die Sitzungen des Rates besuchen, die Angelegenheiten der Stadt und der ganzen

Gemeinde Würzburg getreulich behandeln, ehrlich und das Beste raten und tun und Verschwiegenheit über alle Angelegenheiten bewahren.

Zwei Tage später nahm Tilman Riemenschneider das erste Mal auf seinem Ratsstuhl Platz und legte vor dem Rat den Ratseid ab: Er versprach, dem Rat gehorsam und auch persönlich zu allem verpflichtet zu sein, wozu sich der Rat in der Vergangenheit verpflichtet hatte oder in Zukunft verpflichten würde, bei Versäumen von Ratssitzungen vier Pfennig Strafe in die Strafbüchse einzuzahlen, und wenn, wie bei wichtigen Angelegenheiten „zum Eide" geladen würde, ohne ausreichenden Grund nicht fernzubleiben. Wenn der Rat fordern würde, für die Stadt zu bürgen, das zu tun, sich und seine Hausfrau, seine Ehefrau, in die Ratsbruderschaft einzukaufen sowie schließlich einen halben Gulden in die Strafkasse einzuzahlen. Das waren durchaus weitreichende persönliche Verpflichtungen, die ein Ratsherr der Stadt Würzburg, der ja auf Lebenszeit gewählt, besser ernannt wurde, zu Beginn des 16. Jahrhunderts auf sich nehmen musste. Da haben es die modernen Ratsherren etwas leichter.

Exkurs: Die Ratsbruderschaft

Im Jahr 1453 hatte der Rat der Stadt beschlossen, für verstorbene Ratsherren Vigilmessen, das waren Messen am Vorabend des Gedenk- oder Todestages, und Seelenmessen in der Marienkapelle feiern zu lassen. Im selben Jahr gründete er die Ratsbruderschaft St. Jakob und Sebastian. Neben dem dankbaren Gedächtnis für die verstorbenen Mitglieder war Zweck der Bruderschaft, auch für die Lebenden zu beten und zu bitten, *zu erwerben Weißheit und Vernunft dem Rate, dass er der Stadt und ganzen Gemeinde wohl vor sein möge.* Nur ein frommer Wunsch? Die Ratsbruderschaft stand nicht nur den Ratsherren und ihren Angehörigen, sondern allen *ehrbaren, redlichen und frommen Leuten* offen. Sie wurde zur größten und beliebtesten Bruderschaft in Würzburg. Über die Aufnahme neuer Mitglieder, die als Eintrittsgeld einen Goldgulden und ein Pfund Wachs – ein damals sehr teures Produkt – für das Ewige Licht in der Marienkapelle zahlen mussten, entschied alleine der Rat oder zumindest (einer) der Bürgermeister.

Der Reifegradbeseher

In den Ratsprotokollen taucht Meister Tilman Riemenschneider erst ein knappes Jahr später, und zwar in einer kurzen Notiz, wieder auf:

Unter dem 11. Oktober 1505 notiert der Stadtschreiber Martin Cronthal, dass das *feldt* am gestrigen Freitag durch die dafür beauftragten fünf Ratsherren, darunter Tilman Riemenschneider, besichtigt worden sei. Aufgrund des Berichts der Inspizienten wurde einstimmig vom Rat und den Viertelmeistern beschlossen, am nächsten Donnerstag, dem St. Burkardstag, zu *eynungen*, das heisst, mit der Lese zu beginnen.

Exkurs: Die Weinwirtschaft in Würzburg

Das *feldt,* das waren die Weingärten und Weinberge, bedeckte fast die ganze Würzburger Markung, innerhalb und außerhalb der Ummauerung, nur da und dort durch Äcker, Obstbaum- und Krautgärten, Weiden und Brachflächen aufgelockert. Mehr als 160 Weinbergslagen bildeten ein einziges Rebenmeer.[48] Viele kleine und kleinste Parzellen erstreckten sich nicht nur über die Höhen als Weinberge, sondern auch in der Ebene als Weingärten bis nahe an die Stadtmauern. Sie waren meist langgezogen, in der Regel nicht über einen Morgen groß. Ein Würzburger Morgen maß damals 1962 m^2. Viele waren sogar noch kleiner, machten nur einen halben oder dreiviertel Morgen aus.

Diese Weinwirtschaf, die im Umfang der bepflanzten Flächen die heute bewirtschaftete Rebenfläche bei weitem übertraf, hatte für Würzburg eine alles überragende Bedeutung. Demgegenüber wiesen Handwerk, Handel und Verwaltung keine annähernde Wichtigkeit für die städtische Wirtschaft auf. Es wird geschätzt, dass zwei Drittel der Bevölkerung vom Wein lebte. Fast jeder Bürger arbeitete entweder im eigenen oder im gepachteten kleinen Weingarten oder als Häcker und Tagelöhner in den kirchlichen Weinbergen. Geistliche Herren, Klöster, sogar auswärtige wie Ebrach, Bronnbach, Schönthal, und Stifte, allen voran das Domstift, aber auch Neumünster; Haug und Burkard, nicht zuletzt der Fürstbischof[49] hatten im Lauf der Jahrhunderte die Weinberge und -gärten durch Schenkungen und Ankäufe fast vollständig an sich gebracht.

Neben den *Winzern* und *Häckern* bot der Weinbau einer ganze Reihe weiterer Berufe die Existenzgrundlage. Zu ihnen zählten:

Büttner. Sie fertigten die Fässer für den Wein. Mindestens seit Mitte des 13. Jahrhunderts hatten sie ihr Quartier in der Büttnerstraße.

Visierer. Vom Rat eingesetzt und vereidigt, ermittelten sie mit Hilfe ihrer Visierruten oder -stäbe, die sie durch die Spundlöcher steckten, den Inhalt der Weinfässer. Einkerbungen in den Messstäben erleichterten die Ermittlung der mit dem Ungeld, einer Art Verbrauchssteuer, zu versteuernden Weinmengen. Die Messergebnisse waren allerdings nicht genau, die Methode vergröbernd, da die Fässer nicht geeicht und nicht immer voll waren. Bevor später bessere Berechnungsmethoden entwickelt wurden, musste man sich einfach damit abfinden. Vor ihrer Bestellung durch den Rat stellten die Visierer in einer Probe ihr Können unter Beweis. Wenn die erfolgreich bestanden war, schworen sie anschließend in ihrem *fisirer eydt* bei Gott und den Heiligen: *Da ich aufgenommen bin zu einem Visierer in der Stadt und den Vorstädten zu Würzburg, soll und will ich dieses Amt getreulich führen und visieren gegen den Gast wie gegen den Einwohner, gegen den Armen wie gegen den Reichen, niemand durch Liebe, Freundschaft, Verlangen oder Geben mehr oder weniger visieren als mich die rechte Visierkunst lehrt, auch niemand, geistlich oder weltlich, visieren ohne zeichen.*

Ihren Lohn erhielten die Visierer von den Eichpflichtigen. Um die Einnahmen gab es immer wieder Streit. Auf die Spitze trieb es der Visierer Hans Walter, über den sich seine beiden Kollegen Veyt Braun und und Jorg Merckle beim Rat heftig beschwerten. Hans Walter laufe immer den Transporteuren, die die Fässer vom Main in die Keller in der Stadt brächten, voraus und visiere sie, bevor Braun und Merckle überhaupt zur Stelle sein und visieren könnten. Sie würden daher nichts schaffen und verdienen und fragten an, ob man den Visierlohn nicht untereinander teilen könnte. Eine einheitliche Spruchpraxis des Rates gab es aber nicht. Mal entschied der Rat, dass die Gesamteinnahmen unter den drei Visierern aufgeteilt werden sollten, dann wieder, dass jeder das behalten könne, was er verdient habe. Im vorliegenden Fall beschloss der Rat, Walter vorzuladen und ihn anzuhören. Was daraus folgte, erfahren wir leider nicht.

Schröter. Sie transportierten die gefüllten Fässer von den Kellern zu den Wirten, von Keller zu Keller, zu den Schiffen am Main für den Export und, soweit ausnahmsweise fremder Wein wie Malvasier eingeführt werden durfte, von den Schiffen in die Keller der Stadt.

Weinrufer. Sie riefen in den Gassen die aktuellen Weinpreise aus, verkündeten, wo Wein ausgeschenkt wurde und kontrollierten den Weinausschank durch die Wirte.

Wirte. In Gasthäusern und Heckenwirtschaften schenkten sie ihren Wein an die Einwohner aus. Sie durften nur versteuerten Wein, für den sie ein Zeichen, eine Art Steuerbescheinigung, erhalten hatten, anbieten. Wer sich unterstand, ohne Zeichen auszuschenken, machte sich strafbar und konnte, wenn er Pech hatte, sogar im Strafturm landen.

Jahrhüter, auch *Feldhüter* oder *Flurschützen* genannt. Sie werden oft auch als Weinbergsaufseher bezeichnet. Ihr Aufgabenbereich reichte aber weit darüber hinaus. Sie waren, wie ihr Name verrät, ganzjährig, nicht nur zur Reife- und Lesezeit der Trauben, im Einsatz. Außerdem hatten sie die gesamte Würzburger Flur, natürlich auch die Weinberge zu beaufsichtigen und, insbesondere zu prüfen, ob irgendwo Schäden jeglicher Art, durch Personen, Pferde oder Vieh verursacht, festzustellen waren. Sie hatten darüber zu wachen, ob jemand der Stadtgemeinde durch unberechtigtes Wiesenmähen oder Grubenmachen Nachteile zufügte oder die Wege und Straßen beschädigte, öffentliche Wege in Besitz nahm oder sie verdarb. Ungewöhnlich detailliert waren ihre Pflichten im *Der flureschutzen eydt* aufgezählt.

Herbsthüter. Ging es auf die Reife der Weintrauben und die Lese, die Ernte, zu, bedurften die Weinberge und -gärten besonderen Schutzes gegen Traubendiebstahl. Die Jahrhüter allein waren damit überfordert. Die Stadtviertel, in denen Rebflächen lagen, nämlich Sand, Haug, Pleich und Mainviertel, stellten dafür zeitlich befristet Männer ein, die auf Beschädigungen und Plünderungen der Rebanlagen aufpassten. Für das Jahr 1505 ist uns die genaue Anzahl überliefert: Haug entsandte sieben, Sand sechs, Pleich vier und das Mainviertel drei Herbsthüter. Und sogar die Namen sind im Ratsprotokoll vom 9. September 1505 festgehalten. Früh und abends kontrollierten sie an den Stadttoren, ob jemand Holz oder Früchte, die ihm nicht zustanden, hereintrug. Wenn sie einen entdeckten, der ohne Zeichen oder Erlaubnis Trauben erntete, sprachen sie ihn an und überprüften natürlich, ob er dazu die Erlaubnis des Zehntherrn vorweisen konnte. Wenn nicht, war das dem Zehntherrn mitzuteilen. Die, die ihre Weinbergspfähle schon herausziehen wollten, obwohl der Nachbar daneben noch nicht alle Trauben gelesen hatte, und die, welche da *stupffeln,* nach der Lese hängengebliebene Trauben einsammeln wollten, waren zu melden. Den Herbsthütern selbst war das Stupfeln auch verboten.

Die Weinlese war strengen Regularien unterworfen. Zunächst bestimmte der Rat zusammen mit den Viertelmeistern jedes Jahr im Herbst Ratsherren, die die Weinberge, das *feldt,* in den genannten Stadtvierteln zu besichtigen und den Reifegrad der Weintrauben festzustellen hatten. Für jedes Stadtviertel wurde ein Team von zwei Ratsherrren gebildet. Die Herrschaft, regelmäßig vertreten durch den Domprobst, legte großen Wert darauf, davon unverzüglich informiert zu werden. Über das Ergebnis ihrer Besichtigungen erstatteten die Ratsherren Bericht im Rat, der dann den Termin des Lesebeginns festsetzte.

Für die Lese, auf die die Bergmeister des Bischofs und des Domkapitels ebenfalls ein wachsames Auge hatten, waren die Rebflächen in „Lauben" eingeteilt, die nur nach und nach abgeerntet werden durften. So konnten die Lehensherren, denen der Weinzehnt zustand, genau überprüfen, welche Mengen gelesen wurden und dafür sorgen, dass ihnen gleich vor Ort die *decima pars,* der Zehnt, ungeschmälert abgeliefert wurde. Der Weinzehnt war eine Natural-, keine Geldleistung. Das heisst, jede 10. Butte, ein hölzernes Rückentragegefäß, gelesener Trauben musste noch im Weinberg den Vertretern der kirchlichen Lehensherren ausgehändigt werden. Der Weinzehnt war also keine feste Größe, sondern abhängig von der jeweiligen Ertragslage, in guten Jahren mehr, in schlechten weniger. Das führte aber dazu, dass die Lesezeiten nur im Hinblick auf einen möglichst hohen Ertrag und die Überwachungsmöglichkeiten festgelegt wurden, Qualitätsüberlegungen spielten keine Rolle.

Sollte ein Häcker versuchen, über die geernteten Mengen zu täuschen oder vor Festsetzung des Lesetermins in der Laube zu lesen und damit den Zehnt zu vermindern, erwarteten ihn strenge Strafen. Es kam nicht selten vor, dass Wirte, Köche und andere Gastgeber in ihren Häusern heimlich Wein ausschenkten, ja sogar regelrechte Trinkstuben betrieben oder mit Wein handelten, alles ohne die Visierer und Weinrufer zu informieren, und dadurch das Ungeld umgingen. Einmal nennt der Stadtschreiber die Missetäter beim Namen: Der

Wirt „Zur weiten Türe“, die Wirtin „Zu den Knöpfen“,[50] Hans Sorg, der Wirt „Zum Burgpfarrer“[51] und die Wirtin „Zur Eule“ schenkten das Maß, das war ein guter Liter, zu 2, 3, 4 und 6 Pfennigen aus und zogen dadurch viel *zechleutt* an. Natürlich alles, ohne Ungeld zu bezahlen.

Große Mengen des produzierten Weins dienten dem Eigenverbrauch der Würzburger Bürger. Wasser aus den Brunnen oder gar den Bächen und dem Main zu trinken, war wegen deren Verschmutzung nicht ungefährlich. Milch stand nicht in ausreichender Menge zur Verfügung, da in der städtischen Markung kaum Kühe gehalten wurden. Und das Bier war wenig schmackhaft und wurde wohl schnell sauer. Außerdem war es seinerzeit auch noch teuerer als Wein! Auch als Arzneimittel fand der Frankenwein gerne Verwendung.

Der Würzburger Wein war ein Exportschlager. Über Frankfurt, dessen Weinmarkt ein überregional bedeutsamer Umschlagplatz war, wurde der Wein in das ganze Reich und sogar ins Ausland geliefert.

Tilman Riemenschneider bewährte sich als Feldbeseher. Er wurde viele Jahre lang vom Rat zur Feststellung des Reifegrads der Weintrauben regelmäßig in den Weinbergen des Mainviertels berufen. Die dabei erworbenen Fachkenntnisse überzeugten wohl auch die gnädigen Herren des Domkapitels. Sie beriefen ihn zum stellvertretenden Unterbergmeister und nahmen ihn damit unter ihre „Hausgenossen“ auf. Von 1507 bis 1519 übte er im Auftrag der hohen Herrn die Aufsicht über die kapitelschen Weinberge aus und gab Anweisungen über Anbau der Reben und Lese der Weintrauben.[52]

Der Torwächter und Königsbegrüßer

Der Herbst des Jahres 1505 bescherte der Stadt ein Ereignis von ganz besonderem gesellschaftlichen Glanz. Am 25. Oktober beriefen die beiden Bürgermeister Ortolf Groß und Endres (Andreas) Schlosser überraschend die Ratsherren zu einer Sitzung in das Rathaus ein. Da es ein Samstag war, an dem nicht sehr oft Sitzungen stattfanden, musste etwas Außergewöhnliches in der Luft liegen. Groß und Schlosser berichteten dem Gremium, dass sie am Vortag von den Räten des Fürstbischofs und den Kapitelherren vorgeladen worden waren und man ihnen eröffnet hätte, dass sich die Römisch-Königliche Majestät auf dem Weg nach Würzburg befände.

Maximilian I. von Habsburg war seit 1486 römisch-deutscher König, ab 1508 bis zu seinem Tod 1519 Kaiser des Heiligen Römischen Reiches. Über seine Herkunft und Abstammung, sein Leben und seine Leistungen zu berichten, würde jeden Rahmen dieses Buches sprengen.[53] Die Persönlichkeit eines der herausragenden Herrscher aus dem Hause Habsburg soll hier nur mit folgenden kurzen Anmerkungen charakterisiert werden: Seinen Beinamen „der letzte Ritter" erhielt er, da er ein großer Liebhaber von Ritterturnieren war, an denen er höchstpersönlich teilnahm, und in seiner Person das schon verschwundene Ideal des alten burgundischen Rittertums verkörperte. Er war mit Maria von Burgund, der seinerzeit reichsten Erbin Europas, vermählt. Durch die Verheiratung seiner Kinder, vor allem Philipps des Schönen mit der spanischen Infantin Johanna, die die Wahnsinnige genannt wurde, durch Erbschaften und Kriege weitete er das Herrschaftsgebiet der Habsburger aus und leitete so den Aufstieg der Habsburger zur Weltmacht am Beginn der Neuzeit ein. Auf dem Reichstag zu Worms im Jahre 1495 erließ er den „Ewigen Landfrieden", mit dem endgültig, unbedingt und zeitlich unbefristet das mittelalterliche Fehdewesen, das Recht des Stärkeren, abgeschafft und verboten wurde. Zur Durchsetzung von Rechten und Ansprüchen sollte von nun an das gleichzeitig geschaffene Reichskammergericht sorgen. Maximilian war ein Förderer von Kunst und Wissenschaft, Freund des Humanismus und der Renaisance – und der Frauen. Neben drei ehelichen soll er über 30 uneheliche Kinder gezeugt haben. Durch seinen prunkvollen Lebensstil und seine fortlaufenden Kriegszüge – es sollen 25 gewesen sein – häufte er einen gewaltigen Schuldenberg auf und stand bei seinem Hausbankier Jacob Fugger bis über beide Ohren in der Kreide.

Selbstverständlich reiste ein Fürst, schon gar ein König oder ein Kaiser, mit entsprechend großer Entourage durch das Land. So begleiteten Maximilian allein schon 100 Reitpferde, also Ritter, und 22 Saumpferde, neben dem üblichen Tross. Im Gefolge eines solchen Zuges drängten auch viele ungebetene und unliebsame „Gäste" wie fremde Reisige (Kriegsknechte), auswärtige Händler, Gauner, Diebe, Bettler und fahrendes Volk in die Stadt. Nun lag es an den Ratsherren, alle notwendigen Maßnahmen vorzubereiten und die erforderlichen

Vorkehrungen zu treffen, um die Stadt Würzburg und ihre Bürger vor Schaden zu bewahren. Sie berieten sich an diesem Samstag ausführlich und fassten einen einmütigen Beschluss, insbesondere darüber, wie die Tore bewacht, die Wachdienste geregelt und die Letze, die halbrunden Stadtmauertürme, besetzt und bestückt werden sollten. Der Stadtschreiber fasste das Ergebnis in einem *zettel* in der Form einer Anordung zusammen und verlas diese noch einmal, um etwaige Unklarheiten auszuschließen. Anschließend wurde das Papier an die Viertelschreiber übersandt – die waren ja auf jeden Fall des Lesens kundig – mit dem Auftrag, es an ihre Viertelmeister weiterzuleiten.

Die Anordnung lautete: *Virteylmeistere, liebe freund*, verfügt und gebietet ernstlich allen Einwohnern eures Viertels von Haus zu Haus, dass ein jeder sich mit Harnisch[54] und seinen Waffen rüstet und bereit ist, wenn man ihn braucht, und nach näherem Befehl unseres gnädigen Herren zu handeln. Ordnet außerdem an, dass überall in den Gassen Bottiche voll Wasser aufgestellt werden, jeder in seinem Haus auch wassergefüllte Behälter bereithält und sich vor Feuer vorsieht.[55] Jeder, der einen Fremden beherbergt,[56] soll sich über ihn vergewissern und auf ihn Acht haben. Überwacht Tag und Nacht alle Tore und Letze eures Viertels und besichtigt alle Geschütze, die auf den Türmen stehen. Versorgt sie mit Steinen (Steinkugeln) und Pulver, und wenn euch Pulver und Blei fehlen sollten, wendet euch an die derzeitigen Schossmeister, die Ratsherren Mathes Hornung und Hans Goldschmid, die werden euch das Nötige geben. Lasst auch alle Gassenketten, die schadhaft oder zerbrochen sind, sofort reparieren, und befehlen, sie vorzuziehen und einzuhängen, wenn es Auflauf oder Tumult gibt. Eine spezielle Vorsorgemaßnahme war das Versperren der von den Plätzen und Hauptstraßen abzweigenden Gassen mit Ketten. Man war immer misstrauisch und befürchtete, dass fremde Reiter und Kriegsknechte in die Nebengassen eindringen und den Häusern und Weinkellern der Bürger einen „Besuch abstatten" oder gar über ihre Frauen und Töchter herfallen könnten. Eine letzte Vorrichtung zum Einhängen solcher Gassenketten finden wir heute noch an der Eckseite Gressengasse/Maingasse des Weinhauses „Stachel".

Dann beschloss man noch, dass auf den Tortürmen vor Mitternacht ein Ratsherr und nach Mitternacht ein Viertelmeister Wache zu halten hatten. Die Aufsicht über die ganzen Vorkehrungsmaßnahmen wurde den beiden Bürgermeistern übertragen, zu ihrer Unterstützung zwei Ratsherren, nämlich Jorg Reichle und Hans Cremer beigeordnet. Auf das Rennweger Tor wurde der Ratsherr Endres (Andreas) Schlosser abgeordnet, auf das Konrads- und Stephanstor Hans Ganzhorn, auf das Äußere und Innere Brückentor Johann Steinmetz und Johann Engelhart, auf das Sandertor Kilian Fornlin, auf das Innere Pleichacher Tor Wendel Betzolt, auf das Äußere Pleichacher Tor *Tilman Riemenschneider*, auf das Galgentor Georg Seyler, auf das Spiegeltor Hans Bauer, auf das Stockhaustor Linhart Luft und auf das Rote Tor Philip Buttner, allesamt Ratsherren. Welche Viertelmeister die Nachtwachen auf den Toren übernahmen, wird nicht mitgeteilt.

Der folgende Protokolleintrag berichtet nun nicht mehr über den Inhalt des Ratsbeschlusses, sondern gibt einen Bericht, wie die Bewachung des Äußeren Pleichacher Tors ablief. Martin Cronthal notiert, dass Tilman Riemenschneider am *monntage vigilia Simonis et Jude*, dem 27. Oktober, *zu nacht vor mitternacht* und Jobst Gobel, Viertelmeister zu Gänheim, nach Mitternacht gewacht haben, denn diesen Tag ungefähr zwischen 5 und 6 Uhr auf die Nacht kam die römisch-königliche Majestät und blieb hier bis Freitag den 31. Oktober.

Dieser Eintrag gibt Anlass zu Fragen und Spekulationen. Wieso greift der Stadtschreiber aus der Übersicht der gesamten bewachten Tore alleine das Äußere Pleichacher Tor heraus und schildert dessen Bewachung am Tag des Eintreffens des hohen Gastes in einem eigenen Absatz? Bedeutet das, dass der König durch dieses Tor die Stadt betrat und dort von Tilman Riemenschneider begrüßt wurde? Tatsächlich schildern manche Autoren eine solche Begrüßungszene.[57]

Dagegen spricht aber eine ganze Reihe von Gründen: Das Äußere Pleichacher Tor empfing die Besucher, die von Karlstadt und Gemünden, von Norden her, nach Würzburg kamen. Dass der König sozusagen sich seitwärts der Stadt näherte, erscheint unwahrscheinlich. Vielmehr muss man annehmen, dass er auf der Via Publica, der mittelalterlichen Handelsstraße, die die Städte Prag, Nürnberg, Würzburg, und Frankfurt mit Mainz am Rhein verband, reiste. Diese Straße führte die Ankommenden zum Zeller Tor und dann hinab zum Äußeren Brückentor, über die Mainbrücke durch das Innere Brückentor auf die Hauptstraße der Stadt, den Markt, die heutige Domstraße. Falls man unterstellt, der Rat hätte gewusst, dass Maximilian durch das Äußere Pleichacher Tor kommen würde, so ist es doch kaum vorstellbar, dass man zu seinem Empfang ausgerechnet einen Ratsneuling, der bisher auch noch kein Ratsamt innehatte, ausersehen hätte.[58]

Neben dem Ratsprotokoll, das den königlichen Besuch fast ausschließlich im Blick auf die notwendigen Sicherheitsvorkehrungen festhält, gibt es eine zweite Quelle, die uns Einzelheiten des Aufenthaltes seiner Majestät überliefert. Es ist die sogenannte „Ratschronik der Stadt Würzburg". Sie beinhaltet eine ganze Reihe von knappen zeitgeschichtlichen Aufzeichnungen, die einzelne Ereignisse festhalten. Sie stammen von verschiedenen „Händen", die Augen-und Ohrenzeugen der Geschehnisse waren. Die Urschriften sind verloren gegangen. Auf uns ist aber eine im 17. Jahrhundert angefertigte einheitliche Abschrift der allmählich entstandenen alten jahrbuchähnlichen Aufzeichnungen gekommen.[59] Der Fertiger der Abschrift ist wie die Verfasser der Aufzeichnungen unbekannt.

Und der Chronist der Ratschronik schildert außergewöhnlich umfangreich die Ereignisse kurz vor Allerheiligen 1505.[60] Am Samstag, 18. Oktober, war Fürstbischof Lorenz von Bibra *mit einem schönen zeug, grafen und herrn, wol und hübsch geputz* zu den Weihefeierlichkeiten des neuen Bamberger Bischofs Georg Schenk von Limburg aufgebrochen. Mitten in die Festlichkeiten platzte die Nachricht, dass die königliche Majestät in Kürze in Würzburg eintreffe. Lorenz von Bibra machte sich sofort auf den Rückweg und war am Freitag, 24. Oktober, rechtzeitig wieder in Würzburg. Am darauffolgenden Montag, 27. Oktober, *des nachts umb 5½ ure kam die konigliche mayestet* – soweit decken sich Ratschronik und Eintrag im Ratsprotokoll, aber nun kommt die für das Rätsel um die Bedeutung des Äußeren Pleichacher Tors entscheidende Feststellung – *uber die bruckhen rein von Wertheim rauf.* Das bedeutet eindeutig, dass er nicht von Norden aus Richtung Karlstadt bereits rechtsmainisch und durch das Äußere Pleichacher Tor, sondern von Westen her heranritt und erst in Würzburg den Main über die Mainbrücke überquerte und dabei Äußeres und Inneres Brückentor als Einlasstore benutzte. Maximilian I. nahm Quartier im Hof des Domherrn Peter von Aufsess.[61] Aus welchem Grund auch immer, der König wollte dem Fürstbischof offensichtlich nicht zur Last fallen und betonte, er wolle keinesfalls das Schloss Unser Frauenberg oder den

Hof des Bischofs geringschätzen. Am nächsten Morgen wurden alle Orden und die gesamte Geistlichkeit zum Gottesdienst in den Dom bestellt, um *der keyserlichen* (!) *mayestet* entgegen zu gehen und zum Kirchgang zu begleiten. Maximilian wurde weisungsgemäß an seinem Quartier abgeholt. Der Zug mit dem gesamten königlichen und fürstbischöflichen Hofgesinde begab sich die Kalentzgasse, die Plattnerstraße hinunter, die Domgreden (-stufen) hinauf in den Dom. Dabei nahmen den Herrscher ein päpstlicher Legat, *alsbald auch hie gewest,* auf der rechten Seite, und der Bichof zur Linken in die Mitte und führten ihn bis zum Chor. Nach der Messe begleiteten die beiden Herren, jetzt aber ohne die Geistlichkeit, Maximilian durch den Keuzgang über den Bruderhof zu seiner Herberge zum Essen. Am nächsten Tag, Mittwoch, 29. Oktober, bewirtete Lorenz von Bibra den hohen Gast auf dem Frauenberg. Nach Tisch machten die beiden einen „Verdauungsritt“ in der *Awg.* Um welchen Ort es sich dabei handelt, ist nicht eruierbar. Donnerstag, 30. Oktober, ritt der Fürstbischof mit seinem Gast nach dem Mittagsmahl, das bis 2 Uhr dauerte, nach Seligenstadt,[62] und zwar *unabgesessen,* das heisst ohne Pause zu machen. Die Ausflügler kehrten erst wieder *uff die nacht umb 6 ure* zurück, so dass man die Stadt mit Fackeln bewachen und die Tore offen halten musste. Am Freitag, dem Allerheiligen Vorabend, ritten die kaiserliche Majestät und unser gnädiger Herr zwischen 9 und 10 Uhr nach Ochsenfurt zum Mittagsmahl. Dort waren sie sicherlich Gäste des Würzburger Domkapitels, denn die waren damals die Besitzer und Stadtherren des Ortes. Der Ratschronist vermerkt dann noch, dass Maximilian I. danach weiterreiste, *wie und wohin ist mir zu dieser zeit nit wissend.* Genausowenig ist auch der Zweck seines Besuches in Würzburg nicht bekannt. Wir wissen nur noch, dass ihm der Rat der Stadt zum Abschied ein Geschenk im Wert von 50 bis 60 Gulden machte, das bezeichnenderweise nicht der Rat, der es aber bezahlt hatte (!), sondern der Fürstbischof überreichte. Wenigstens durften der Bürgermeister Ortolf Groß, der Ratsherr Hans Schmid und der Stadtschreiber Martin Cronthal dabei sein.

Allerdings bleibt das Rätsel ungelöst, aus welchem Grund der Stadtschreiber dem Äußeren Pleichacher Tor und seinem „Wächter“ Riemenschneider ein solches Alleinstellungsmerkmal im Ratsprotokoll zugemessen hat.

Der Baumeister

Zweieinhalb Wochen nach diesen aufregenden Ereignissen und fast auf den Tag genau ein Jahr nach seiner Aufnahme in den Rat erhielt Tilman Riemenschneider sein erstes „richtiges“ Amt als Ratsherr. Am 18. November 1505 wählte ihn der Rat zum Stadtbaumeister. Eine große Herausforderung für den in der Verwaltung der Stadt bisher völlig unerfahrenen Bildschnitzer und Künstler. Das Amt war zudem äußerst arbeitsintensiv und wichtig, sowohl für das gesamte städtische Bauwesen als auch für die Sicherheit der Stadt durch die Stadtbefestigung. Zusätzlich zu der zweithöchsten Jahresaufwandsentschädigung von zwölf Gulden standen dem Baumeister noch die bei den Bauarbeiten anfallenden Holzspäne und Stummel, kleine Holzstücke, unter drei Schuh[63] Länge, zu. Noch ein anderer in der „Bauabteilung“ Beschäftigter erhielt diese Naturalleistung: Ein Mitarbeiter des Stadtbaumeisters, der Stadtzimmermann. Und nebenbei erfahren wir auf diese Weise, wie sich ein solcher bei der Stadt angestellter Arbeiter des Tags über verpflegte. Es war wirklich nicht sehr üppig. Seine Frau durfte nämlich, *wenn sie ihrem Mann die Morgensuppe und nachmittags ein Käsebrot brachte*, jedesmal eine kleine Butte oder eine Kötze, ein Rückenkorb aus Weiden, voller Holzspäne nach Hause mitnehmen.

Der Baumeister einer Stadt wie Würzburg verfügte Anfang des 16. Jahrhunderts nicht etwa über eine irgendwie geartete Architekten- oder Ingenieurausbildung. Die gab es zu diesen Zeiten noch nicht. Handwerkliches Grundverständnis, ein gesunder Menschenverstand und vor allem Lebenserfahrung waren die einzigen Grundlagen für die Ausübung des Amtes. Der Baumeister hatte sich – kurz gesagt, und das hat sich bis heute im Wesentlichen nicht geändert, nur heißt er jetzt Stadtbaurat – um alle Baumaßnahmen in der Stadt zu kümmern, seien es öffentliche oder private. Ein besonderer Schwerpunkt war dabei die Stadtbefestigung, die im „Haushalt“ der Stadt den wohl überragenden Kostenanteil ausmachte. In einem mindestens vierteljährlichen Rundgang inspizierte der Baumeister alle städtischen Türme, Tore, Bergfriede, Mauern, Gräben und Brücken. Stellte er Schäden fest, und das war leider nicht selten, berichtete er dem Rat, zudem über notwendige Reparaturen und Unterhaltungsmaßnahmen. Er war im Auftrag des Rates der Bauherr aller städtischen Bauarbeiten und damit zuständig für deren Vergabe und Beaufsichtigung und begutachtete schließlich auch die privaten Bauvorhaben, ob sie sich mit den Vorstellungen der Stadt vertrugen.

Den Baumeister unterstützten ein Unterbaumeister, der auch Unterknecht hieß, und zwei städtische Werkleute, der Stadtzimmermann und der Stadtsteinmetz. Sie wurden auf eigene Bewerbung oder auf Vorschlag des Baumeisters vom Rat verpflichtet, hatten einen Ratseid abzulegen und mussten sich jedes Jahr wieder neu vom Rat bestätigen lassen.[64]

Der Unterbaumeister verwahrte die Werkzeuge und Baugerätschaften, die der Stadt gehörten. Er musste sie warten, instand- und unter Verschluss halten. Laut seinem Ratseid hatte er nach näherer Weisung seines Chefs, des Baumeisters, Bauarbeiter anzuwerben, sie in ihre Arbeiten einzuweisen und bei den Ziegelbrennern in den beiden Ziegelhütten vor dem Sander und dem Pleicher Tor Ziegel und Ziegelsteine zu besorgen. Außerdem kaufte er regelmäßig Bauholz und Bretter, Nägel, Eisen und Kalk ein, soweit dies nicht der Baumeister selbst erledigte. Der Zimmermann fertigte, errichtete und reparierte alle Bauwerksteile, die aus Holz bestanden. Dazu gehörten Fachwerke, Dachkonstruktionen, der Innenausbau in den Türmen, insbesondere die Treppen, die Böden in den Wehrgängen der Stadtmauern bis hin zum Bau ganzer Hütten. Auch bei der Reparatur von Bliden, den hölzernen Hebelwurfmaschinen, mit denen große Steine geschleudert werden konnten und die in Würzburg Pleiden genannt wurden (Pleidenturm Ecke Wirsbergstraße/Mainkai), und der Fertigung und Ausbesserung von Sturmleitern war er unentbehrlich. Der Steinmetz war ebenso ein gefragter Fachmann. Er besaß nicht nur die Kenntnisse und Fähigkeiten eines Maurers, seine Arbeit erforderte darüberhinausgehende handwerkliche Begabung und Erfahrung. Alle Arbeiten an und mit Stein an den städtischen Gebäuden, Mauern, Toren und Türmen lagen in seinen Händen. Wie sein Kollege, der Stadtsteinmetz, wurde auch er gerne mit auf die Kriegszüge, zu denen eine Würzburger Abordnung abgestellt werden musste, mitgenommen. Denn bei der Belagerung von feindlichen Dörfern, Städten oder Burgen waren die handwerklichen Fertigkeiten der beiden Werkleute gefragt. Aus diesen vier Personen: Stadtbaumeister, Unterknecht, Stadtzimmermann und Steinmetz bestand damals die ganze städtische Bauverwaltung!

Um zahlreiche Vorhaben und Maßnahmen musste sich der Baumeister Tilman Riemenschneider in seiner Amtszeit in den Jahren 1506 und 1507 kümmern.

Zwei Tage nach Übernahme des Amtes wurden die Bürgermeister Matthes Hornung und Johann Engelhart zum Bischof und Domkapitel bestellt. Sie berichteten anschließend im Rat, dass der gnädige Herr beabsichtige, an geeigneter Stelle in der Stadt ein Schlachthaus zu errichten. Die Finanzierung stellte er sich folgendermaßen vor: Die Hälfte der Kosten wollte er selbst übernehmen, die andere Hälfte sollten sich Kapitel und Stadt teilen. Nach eingehender Beratung und einstimmigem Beschluss erklärte sich der Rat zunächst einmal damit im Grundsatz einverstanden. Denn mit dem Betrieb eines Schlachthauses war eine wichtige Verbesserung der Hygiene verbunden. Zwar durfte das Großvieh nicht mehr, wie bisher allgemein üblich, auf den Plätzen und in den Gassen geschlachtet werden.[65] Aber Schweine, Ziegen und Federvieh wurden nach wie vor in Hausschlachtungen, oft auf öffentlichem Grund, verarbeitet. Als sich der Rat einige Wochen später näher mit dem Schlachthausprojekt befasste, fand er aber in dem Vorschlag des hohen Herrn „ein Haar in der Suppe". Der Rat hatte sich zur Besichtigung des ins Auge gefassten Bauplatzes am Main aufgemacht, kehrte in den Sitzungssaal des Rathauses zurück, steckte die Köpfe zusammen und kam zu dem Ergebnis: Der vorgesehene Standort am Fluss ist im Hinblick auf die Holztransporte auf dem Main nicht geeignet! Außerdem führe der Fluss im Sommer nur wenig Wasser, das sei zudem warm, manchmal aber umgekehrt reißend und trübe und in der Winterzeit vereist. Kurzum, der Bauplatz tauge daher nicht zur Säuberung des geschlachteten Fleisches. Für die Schlachtungen benötige man Brunnenwasser, für die Ableitung der Schlachtabfälle wie Blut, Magen- und Darminhalt der Tiere einen Bach oder ein anderes fließendes Wasser. Beides sei an der geplanten Örtlichkeit nicht gegeben. Gleichzeitig teilte der Rat dem hohen Herrn mit, dass er nach Nürnberg und Frankfurt geschrieben habe, um sich näher zu erkundigen. Sobald Antwort von dort eingegangen sei, könnte er in der Sache bessere Ratschläge erteilen. Die Ratsherren hatten nun Sorge, dass sie wegen ihrer ablehnenden Haltung beim gnädigen Herrn in Ungnade fallen könnten und schlugen vorsichtshalber vor, der gnädige Herr und die gnädigen Herren vom Kapitel sollten ebenfalls eine Ortseinsicht der Bäche und des vorgesehenen

Standortes veranlassen. Dasselbe würde auch der Rat nochmals tun, und wenn dann ein geeigneter Platz gefunden sei, würde es an der Mitwirkung des Rates nicht mangeln. Der Bischof reagierte nicht ungnädig, sondern war offensichtlich mit dem Vorschlag einverstanden, er ließ das Kapitel entsprechend unterrichten.

Damit aber hatte der Rat nicht gerechnet: Bischof und Kapitel warfen nun nämlich ihre Augen auf das städtische Pleidenhaus, das sie in ein Schlachthaus umwandeln wollten. Es stand auf dem Graben, der heutigen Juliuspromenade, Haus Nr. 17 gegenüber dem Juliusspital gelegen, und wo sich später das 1643 gegründete fürstliche Hofbräuhaus befand. Im Pleidenhaus lagerte die Stadt die in Friedenszeiten zerlegten hölzernen Hebelwurfmaschinen.

Verständlich, dass dieser Plan dem Rat genauso wenig gefiel. Mehrheitlich beschloss er, dagegen erneut Bedenken zu erheben. Zur Begründung trug er vor, er habe Männer, die etwas davon verstünden, und Handwerker dort gehabt, die hätten die Wasserversorgung geprüft und seien zu dem Ergebnis gekommen, dass man Wasser nur mit hohem Kostenaufwand an den Standort bringen könne. Im Übrigen besäße es auch keine Antriebskraft. Der Rat sorge sich daher, dass ein Bau dort sinnlos sei. Um vergebliche Kosten zu vermeiden, wollten sie dies seiner fürstlichen Gnaden *zum besten zu erkennen geben*. Gleichzeitig äußerten sie auch die *unnterdeynige bitt*, diesen Platz noch einmal zu besichtigen. Und dann knickten die ehrbaren Ratsherren doch noch ein: Welcher Standort dann letztlich von seinen Gnaden und dem Domkapitel festgelegt werde, *wurd ein rate sich ihren gnaden zu gehorsam halten*. Nach einer nochmaligen Besichtigung entschied der Bischof, das Schlachthaus am Roten Tor am Main, dem späteren Holztor, zu bauen. Am Main, der doch für die Säuberung des geschlachteten Fleisches nicht geeignet war! Der Rat gab nun, wohl mürbe geworden und in der Einsicht, nichts gegen den Willen der Herrschaft ausrichten zu können, seinen Widerstand auf und erklärte sich mit der Standortwahl am Main einverstanden. Interessanterweise stand der städtische Schlachthof dann bis Ende der 1970er Jahre nur ein kleines Stück weiter nördlich, da, wo sich jetzt das Congress Zentrum Würzburg befindet.

Im Dezember 1505 erhielt der Rat Besuch von den Viertelmeistern und einigen Bürgern des Pleicher Viertels. Man wünschte sich einen Steg über den Stadtgraben als Verbindung zwischen dem vor der inneren Stadtmauer gelegenen Stadtteil und der Altstadt. Die Pleicher Bürger hätten große Schwierigkeiten ohne einen solchen Übergang, insbesondere wenn der Graben voller Wasser sei, sie könnten ihre Dienstboten nicht in die Stadt schicken. Der Rat beschloss, baldmöglichst mit dem Bischof zu verhandeln. Er durfte ja Über- und Durchgänge durch die Stadtbefestigung nicht *hinter der herschaft*, hinter ihrem Rücken, schaffen. Der Wunsch der Pleicher Bürger wurde nicht erfüllt. Der Rat lehnte ihr Begehren ab, entweder wegen einer negativen Antwort des gnädigen Herrn oder auf Rat des Baumeisters, an der vorgeschlagenen Stelle keinen Steg über den Graben zu bauen. Aus welchen Gründen, erfahren wir nicht.

Exkurs: Die Landwehr

Seit dem Spätmittelalter versuchte man, herannahende Feinde schon von Weitem auszumachen und ihnen die Annäherung an die Stadt zu erschweren. Dazu diente die Landwehr, ein weit vor dem Stadtgebiet angelegtes Wachtturm- und Grabensystem mit Wällen zur Sicherung der äußeren Grenzen. Zwischen den Wachttürmen waren zwei bis fünf Meter breite Gräben ausgehoben und mit dichter Bepflanzung, Astverhauen und Dornengestrüpp, teilweise auch Schranken gegen das Übertreten gesichert. Das Aushubmaterial war zu meterhohen Wällen hinter der der Stadt zugewandten Grabenseite aufgeschüttet.

Die Landwehr verlief ungefähr auf den Grenzlinien der Würzburger Stadtmarkung. Sie war etwa 30 Kilometer lang. Die rechtsmainische begann am Main beim Alandsgrund an der Grenze zu Randersacker, zog den Alandsgrund hinauf über das Hubland bis zur Ecke der heutigen Nürnberger- und Ohmstraße, dann über die Lengfelder Flur bis zum Rimparer Steig, über den Steinberg hinweg nach Unterdürrbach und zum Schenkenschloss, bis sie kurz vor Veitshöchheim wieder den Main erreichte. Die linksmainische Landwehr führte von Oberzell nahe und teilweise auf der Hettstatter Steige nach Waldbüttelbrunn, am Erbachshof vorbei, dann zum Kalten Loch vor Kist und über das Steinbachtal hinunter zurück zum Main.

Wenn frühmorgens die Stadttore öffneten, machten sich die Turmwächter auf den Weg zu ihren Wachttürmen: Vier davon standen an wichtigen Ein- und Ausfahrtsstraßen, der Schüpferleinsmühlturm bei der Schüpferleinsmühle an der Kürnach unterhalb des Greinbergs, der Rimparer Wartturm auf der Höhe des Schalksberges, wo der alte Höhenweg von Rimpar in die Rimparer Steige einmündet, der Flächenödeturm an der Dürrenbrücke auf dem Weg nach Veitshöchheim am Ausgang des Dürrbachtals, und der Randersackerer Turm an der Straße nach Randersacker bei der Einmündung des Alandsgrundes.

An ihrem Einsatzort angekommen, inspizierten die Wächter zunächst den ihnen zugewiesenen Abschnitt der Landwehr, ob etwa über Nacht jemand durch den Graben getrampelt, geritten oder gar mit einem Karren gefahren war, dabei den Wall eingeebnet und einen Übergang geschaffen hatte, oder sonstige Beschädigungen festzustellen waren. Dann bezogen sie für den Lauf des Tages ihre Posten auf dem Landwehrturm und durften ihn erst wieder verlassen, wenn „die Sonne zu Grabe gegangen" war. Sie waren mit Spießen und Armbrüsten, später sogar mit Büchsen bewaffnet. Ihre Aufgabe war es aufzupassen, dass die Landwehranlagen nicht ohne Genehmigung überschritten oder beschädigt wurden. Und sie hatten Meldung zu machen, wenn sie einzelne fremde Reiter oder gar feindliche Reitertruppen entdeckten, die sich der Stadt näherten. Zu der Frage, wie sie wohl ihren Alarm hinein in die Stadt in den Grafeneckert meldeten, dürfen wir vielleicht auf das Beispiel ihrer Kollegen zurückgreifen, die als Wächter auf den allerdings nur eine kurze Zeit lang bestehenden Hoch-oder Bergwarten am Steinberg, dem Kürnacher Berg, der Gerbrunner Steige, dem Neuberg und dem Berg bei Zell Dienst taten. Diese mussten, wie es *der warttleutt uff den wartten pflicht*, ihr Eid, vorschrieb, in ihr Horn blasen, ihre Questen, Fahnen mit angehängten Schellen, in die Richtung, aus der die möglichen Angreifer kamen, schwenken, bei größeren Gefahren zusätzlich mit Beilen, so fest sie konnten, an die Wände ihrer Türme schlagen und ein Geschrei machen, um auf sich aufmerksam zu machen.

Obwohl in der Eidesformel der Baumeister im vor dem Rat abzulegenden Ratseid die Landwehr nicht ausdrücklich erwähnt wurde, gehörte sie doch zu den besonders wichtigen Aufgaben des jeweiligen Stadtbaumeisters. Die eigentliche Last aber, die ihren Grenzen am nächsten liegenden Abschnitte zu *fegen*, sie zu *graben unnd in wesen zu behaltten,* war den Stadtvierteln aufgebürdet. Ganz genau in einer Art Ordnung waren Anfang, Verlauf und Ende der Teile der Landwehr festgeschrieben, um die sich die Viertel zu kümmern hatten, sogar mit Längenangaben in „Schnüren" zu je 120 „Gerten". Eine Gerte entsprach rund 3,5 Metern. Die längste Strecke mit 195 Gerten gleich 682 Metern hatte das Gänheimer Viertel zu betreuen.

Die Landwehr war wie die Stadtmauern keineswegs in einwandfreiem Zustand. In regelmäßigen Abständen versuchte der Rat, die Gesamtanlage instand zu setzen oder besser: instand setzen zu lassen. Fast jedes zweite Jahr verfügte der Rat, dass sie auf der ganzen Länge *zu besichtigen, allenthalben zu besseren, zu fegen* war. Das hieß, die Gräben von Unkraut und Gebüsch zu befreien, sie wieder zu vertiefen, die Hecken und Astverhaue zu ergänzen, die Schranken zu reparieren, wenn nötig, neue Schlösser einzubauen oder neue Schlagbäume zur Verstärkung der Sperren zu errichten. Die Gebote des Rates hatten keinen durchschlagenden Erfolg. Laufend berichtet der Stadtschreiber von Schäden und Mängeln. So war die Landwehr beim Roßberg, dem Gebiet um den Schenkenturm, eingefallen, unter der Weinbergslage Stein hatte jemand Steine in den Graben geworfen und ihn damit teilweise aufgefüllt, sogar die Herbsthüter hatten die Landwehr am Greinberg beschädigt, die Hammel eines Hirten waren durch die Gräben *geloffen* und hatten einen Durchgang getrampelt, weil er sie nicht genügend beausichtigte. Ochsenkarren wurden hindurchgeführt und hinterließen tiefe Fahrspuren, was das Überqueren erleichterte. Gewitter und starke Regenfälle, einmal über zwei Tage lang, *verflosten* die Gräben, die liefen über und fügten den benachbarten Äckern und Weinbergen Schaden zu. Reiter ritten hindurch, um Hasen zu schießen. Der „Gipfel" war, dass nach dem Bericht des Türmers auf dem Flechenödeturm an der Dürren Brücke sogar der Weihbischof mit seinem Knecht *mit gewaltt* durch die Sperranlagen geritten war und großen Schaden angerichtet hatte. Hier hatte der Rat Erfolg mit seiner Beschwerde: Der Bischof sagte zu, mit dem Weihbischof zu reden und *solchs abzustellen.* Im Juni 1507 überflutete Starkregen Straßen, Wege sowie die Landwehr und richtete riesige Schäden an, *des in menschen gedechtnus nit mehr gesehen.* Der Rat konnte sich nicht anders helfen, als die Stadtviertel zu gegenseitiger Hilfeleistung zu verpflichten. Kaum war die Landwehr beim Randersackerer Turm mit Planken und Schranken verstärkt, meldeten die Viertelmeister von Sand, dass die Landwehr in ihrem Bereich so großen Schaden genommen hatte, dass das Viertel aus eigener Kraft nicht in der Lage wäre, die notwendigen Reparaturarbeiten zu schultern. Einstimmig beschloss der Rat, dass das Sander Viertel die Hälfte der Arbeiten, die übrigen Stadtviertel den anderen Teil zu erbringen hätten. Den Randersackerern, die sich wohl erboten hatten, mit Hand anzulegen, traute man offensichtlich angesichts mehrerer hartnäckiger Markungsstreitigkeiten gerade bei diesem Thema nicht und lehnte ihr Angebot ab. Und damit lag der Rat ganz richtig, denn schon ein Jahr später verzeichnete der Stadtschreiber, dass *di von Rannderßacker* sich unterstanden, die Markung beim Randersackerer Turm zu verwüsten. Der Rat beschwerte sich – wieder einmal – beim gnädigen Herrn und beschloss, die Landwehr mit Wissen seiner Gnaden wieder herzustellen. Gleichzeitig baten sie um *tagsetzung*, also die Festsetzung eines Verhandlungstermins, zwischen Würzburg und Randersacker. Der fand schon am nächsten Tag in der fürstbischöflichen Kanzlei unter Vorsitz des Schultheißen Bartholmes Zollner statt. Elf Ratsherren, darunter Tilman Riemenschneider, bildeten die städtische Abordnung.

Martin Cronthal, der Stadtschreiber, trug im Auftrag des Rates drei *clag* vor: Erstens sei die städtische Landwehr, die vom Randersackerer Turm bis an den Main ging, mehrmals durch starke Regenfälle voller Wasser gelaufen. Es sei nichts anderes übriggeblieben, als zur Sicherung des städtischen Grund und Bodens einen Graben zu ziehen. Und durch den seien die Randersackerer einige Male geritten und hätten den Graben gewaltig beschädigt. Zweitens hätten die von Randersacker an der Würzburger Innenseite des Grabens Weidenbäume und Einzäunungen abgehauen und zerstört. Und zum dritten liege ein *werdt,* eine kleine Insel, im Main, und zwar innerhalb der Würzburger Landwehr, auf der die Würzburger seit alter Zeit Sand geschöpft hätten. Die Randersackerer aber hätten es gewagt, den Werdt gewaltsam in Besitz zu nehmen, wozu sie weder *fug noch recht* hätten. Die Ratsabgeordneten beantragten, das den Randersackerern zu untersagen und sie wegen ihrer freventlichen Handlung zu bestrafen. Außerdem müssten sie Schadenersatz und Genugtuung leisten. Die Randersackerer wiesen die Vorwürfe der Würzburger rundweg zurück und behaupteten, der Werdt sei ihr Land. Dem Schultheiß Bartholmes Zollner war die Sache zu entscheiden wohl zu heiß. Er sah sich jedenfalls nicht in der Lage, den Streit zu schlichten. Vielmehr zog er sich darauf zurück, dem gnädigen Herrn Bericht zu erstatten und verwies die Ratsherren darauf, sie sollten bei ihm um eine Entscheidung nachsuchen. Bis dahin aber sollten sie *ruhen unnd still stehen,* keinesfalls bis dahin Sand graben oder gar den Werdt an sich bringen. Mit dieser Auskunft verließen die Ratsherren die Kanzlei und *wartten der tagsatzung unnsers gnedigen herrn,* also der Anberaumung eines Verhandlungstermins. Auch viele Märchen der Gebrüder Grimm enden mit der Feststellung: … „dann warten sie noch heute".

Nicht nur mit Randersacker hatte man Grenzprobleme, auch mit anderen Nachbarn, zum Beispiel den Versbachern. Die hatten die Landwehr beim Rimparer Turm beschädigt, waren *hindurch gefallen* und hatten die Landwehrfeste, eine Schanze, ramponiert. Der Rat beschloss, die Versbacher vorzuladen und je nachdem, wie ihre Antwort ausfiel, die Sache vor die Statthalter des Bischofs zu bringen.

Ausnahmsweise konnte man für befristete Zeit ein Durchgangsrecht durch die Landwehr erhalten. In diesen Vorzug kam die Witwe Breutjamin, die drei Tage lang ihren Mist von Höchberg durch die Landwehr in ihren Weingarten am Gleßberg, dem Nikolausberg auf der linken Mainseite, führen durfte. Um den Graben und Wall nicht einzuebnen, hatte sie einen Holzsteg zu verlegen, den sie danach wieder beseitigen musste. Zur Sicherheit nahm der Bürgermeister vorher noch dem Bauern, der den Mist transportierte, ein Gelöbnis ab, wohl dass er den vorgeschriebenen Übergang nicht verlassen und keine Schäden anrichten werde.

Die Wächter auf den Landwehrtürmen hatten es auch nicht immer leicht. So verzeichnet das Ratsprotokoll häufige Wechsel in der Besetzung der Türme. Ganz besonders fällt dabei der Randersackerer Turm mit ständiger Auswechslung der Türmer auf. Ob das seine Ursache in den Querelen und Schwierigkeiten mit dem Nachbarort Randersacker hatte?

Der Wächter auf dem Rimparer Turm hatte auf dem *flecklin* um den Turm einige Krautgärten, Gemüsebeete, angelegt. Das gönnte ihm der ehemalige Fiscal des Bischofs mit Namen Hickerich, ein Beamter, der die Rechte und Interessen des Landesherrn vertrat, in heutigen Worten der Leiter der Rechtsabteilung, nicht. Er behauptete, der Wachtturm stünde auf einem ihm gehörenden Grundstück, und alles, was der Türmer dort anbaue, gehöre daher ihm. Zur Bekräftigung seines Standpunktes hieß er den Wächter noch einen *lecker unnd bubenn*, einen Schurken und Spitzbuben. Der Rat der Stadt, den der Türmer um Hilfe anging, befahl ihm, zunächst einmal das strittige Fleckchen einzuzäunen, weiter anzubauen und in seinem Besitz zu halten. Falls Hickerich dagegen vorgehe, werde man die Sache mit Hilfe der Feldgeschworenen klären.

Der Turmwächter hatte noch eine weitere Klage vorzubringen, nämlich über den Büttel, den Gerichtsdiener des Sonntagsgerichts. Vor diesem Gericht wurden unter dem Vorsitz des Hofschultheißen mit den vom Rat aus der Mitte der Bürgerschaft benannten Schöffen Rechtsverletzungen auf der Würzburg umgebenden Mark verhandelt. Der Sonntagsbüttel hatte ihn mehr als einmal mit Scheltworten belegt und beleidigt. Welche (und wie schwerwiegende) das waren, wissen wir nicht. Jedenfalls wollte sich das der Türmer nicht gefallen lassen. Der Rat sah das genauso und versprach, beim Schultheißen durchzusetzen, dass der Büttel bestraft werde.

Der Wächter auf dem Schlüpferleinsturm erwischte einen mit Namen Michel Rott aus dem Stadtviertel Haug, als der wieder einmal durch die Landwehrsperren lief, sie beschädigte und in den Hecken wachsende Kirschbäume abbrach. Der Türmer schrie ihn von seinem Turm herab an, da schrie Rott zurück, er solle doch herunterkommen und versuchen, ihn zu hindern. Der Wächter stieg daraufhin tatsächlich hinab, um festzustellen, um wen es sich bei dem Strolch handelte. Dabei packte er seinen Spieß, den er immer unten im Turm aufbewahrte. Rott ging gleich zum Gegenangriff über und rannte mit einem Karst, einer Weinbergshacke, auf den Türmer los. Der forderte Rott aber nur auf, dass er geloben solle, sich zu den Bürgermeistern zu begeben, um sich zu rechtfertigen. Die Antwort Rotts, der offensichtlich ein recht ungehobelter Mensch war, lautete: Er wolle ihm, dem Türmer, und den Bürgermeistern „aufs Maul scheißen". Das war dem Turmwächter doch zu viel, er nahm seinen Spieß und versetzte Rott einen Schlag. Der Rott gelobte daraufhin, bei den Bürgermeistern zu erscheinen, der Wächter ließ ihn laufen und suchte nun Rat bei den Ratsherren. Diese entschieden, den Fall dem gnädigen Herrn vorzutragen.

Eine weitere schlechte Erfahrung musste der Wächter auf dem Rimparer Turm machen. Er ertappte den Schad, einen Knecht aus dem Viertel Sand, der sich unberechtigter Weise in der Landwehr herumtrieb. Pflichtgemäß pfändete er ihn und lieferte das Pfand beim

Bürgermeister ab. Danach hörte er aber, wie Schad herumerzählte, er werde ihn, den Turmwächter, erstechen. Vor den Rat geladen gab Schad freimütig zu, derartiges gesagt zu haben. Das sei aber im Zorn geschehen und *ihm nicht liep*. Seine Entschuldigung half ihm aber nicht, denn der Rat blieb hart und beschloss mehrheitlich, mit dem Schultheiß zu verhandeln, dass der Schad gestraft und der Türmer vor ihm geschützt werde.

Im Juni 1505, kurz vor seinem Amtsantritt als Stadtbaumeister Mitte November des Jahres, erlebte Tilman Riemenschneider im Rat eine hitzige Diskussion um folgenden Vorfall: Der Ziegler Conntz (Konrad) Mutterstat hatte einfach ein *loch* in die Landwehr beim Rimparer Wachtturm gegraben. Dabei handelte es sich wohl nicht nur um ein Loch, sondern mehr um eine große Grube. Denn darin hielten sich Reiter und *fußbuben,* Fußknechte, auf, von denen weitere Beschädigungen der Anlagen zu befürchten waren. Wahrscheinlich hatte der Mutterstat in größerem Umfang Lehm für seine Ziegelherstellung gefördert. Er wurde natürlich vor den Rat zitiert. Dort stritt er zunächst alles ab, räumte aber dann doch ein, wenn er gewusst hätte, dass das *wider ein rate gewest,* hätte er es unterlassen und würde es auch nicht mehr tun. Obwohl er sich dann noch mit vielen Worten entschuldigte, blieb der Rat dabei, den Vorfall dem gnädigen Herrn zu melden. Es handelte sich ja um eine nicht unwesentliche Sicherheitsfrage, über die der Stadtherr Kenntnis haben musste.

Nun wieder zurück zu den alltäglichen Aufgaben des Stadtbaumeisters Tilman Riemenschneider. Die Viertelmeister von Haug planten, ein *dolen*, eine Abflussrinne, in der Semmelstraße zu graben. Der Rat zeigte sich vorsichtig und beschloss, zunächst die Örtlichkeit zu besichtigen, ob das Vorhaben *gutt und nutze* ist, und danach den Oberrat einzuschalten. Bei dem Kanal vor dem Anwesen des Domherrn Andreas von Thüngen, der Kurie Sternberg an der Ecke Ebracher Gasse und Bibrastraße, war der Rat schneller bei der Hand und beschloss, ohne eine Ortseinsicht zu machen und den Oberrat einzubinden, Steine herbeizuführen und die Rinne ausbessern zu lassen. Diese Rinne war nämlich für die Wasserführung im Stadtgraben unentbehrlich. Die Arbeiten leitete der Stadtsteinmetz Hans Weyßacker. Offensichtlich nach dem Motto „Wer lang fragt, geht lang irr“ schaffte der Rat in diesem Fall Fakten.

In den folgenden Monaten musste sich Tilman Riemenschneider um Reparaturen an der Mainbrücke, an den Türmen auf der Mittelmauer beim Egelsee und an der Rossmühle kümmern. Wo die Rossmühle einst stand, die ausnahmsweise nicht von einem Bach, sondern von Pferden angetrieben wurde, ist nicht bekannt. Die Ellenmühle an der Pleichach, die unmittelbar neben dem Ellentor nahe der späteren Alten Anatomie im Juliusspitalgarten, stand, lief Gefahr einzufallen. Der Müller Hans Seitz wollte beim Wiederaufbau gleich ein Stück höher bauen. Da sein Bau dann aber die Stadtmauer überrragt und man von dort einen guten Einblick hinter die Stadtbefestigung gehabt hätte, leitete der Rat aus Sicherheitsgründen das Anliegen des Seitz zunächst an Bischof und Kapitel weiter. Ob der Müller mit seinem Begehren Erfolg hatte, geht aus den Ratsprotokollen nicht hervor.

Außerdem waren noch das Konradstor in der Ottostraße, das Galgentor am Ausgang der Kroatengasse sowie das Jörgen- oder Innere Sander Tor auf der Höhe der Kreuzung Augustiner-/Wirsbergstraße sanierungsbedürftig. Wegen der Bedeutung für die Stadtbefestigung musste dies natürlich wieder der Stadtherrschaft gemeldet werden. Der Bischof forderte den Rat auf, Konrads- und Galgentor zusammen herzurichten. Das war dem Rat zu viel an gleichzeitigen Aufgaben. Er sah sich nur imstande, eines der beiden Tore auszubessern, und erreichte, dass zunächst nur mit dem Konradstor begonnen werden musste, da es das *notlichst* sei.

Außerhalb des Vorstadtmauergürtels, ungefähr an der Stelle des Berliner Rings und rechts der Schweinfurter Straße, befand sich das schon im 12. Jahrhundert gegründete Benediktinerinnenkloster St. Afra mit seinen Wirtschaftsgebäuden, einer Mühle und ausgedehnten Gärten.[66] Wenig Schutz bot nur der an der Schweinfurter Straße stehende Dicke Turm. Er stand als vorgeschobener Wachtturm sozusagen einsam und ohne Anschluss an die Stadtbefestigung im Gelände. Im Juni 1506 verlangte nun der Bischof von der Stadt, den Komplex des Klosters in den Schutz der Stadtbefestigung einzubeziehen. Zu diesem Zweck sollte der Rat den Dicken Turm sowohl im Norden mit einer Flügelmauer an das Galgentor in der äußeren Stadtmauer verbinden als auch im Süden mit einer weiteren Flügelmauer an die Rennweger Mauer anschließen. Der Rat hielt von diesem Plan rein gar nichts und beschloss, sich dem Wunsch des Bischofs zu widersetzen. Er fürchtete sowohl die Arbeit als auch die hohen Kosten. Außerdem war diese Erweiterung der Stadtbefestigung militärtaktisch unsinnig, ja für die Verteidigung der Stadt geradezu nachteilig. Man schuf dadurch nämlich einen sogenannten Kappenzipfel, also ein in das freie Feld hinausragendes Mauerdreieck, das von zwei Seiten gleichzeitig angegriffen werden konnte. Zudem verlängerten sich damit die ohnehin schon zu ausgedehnten und von der wehrfähigen Bevölkerung der Stadt personell nicht ausreichend zu besetzenden Verteidigungsanlagen. Der Rat setzte zunächst seine Hoffnung in Verhandlungen mit seinen fürstlichen Gnaden. Zur Vorbereitung der Gespräche sandte er eine vierzehnköpfige Abordnung zu einer Ortseinsicht hinaus. Das Ratsprotokoll teilt die Namen der Ratsherren mit: Ortolf Groß, Endres (Andreas) Schlosser, Matthes (Matthias) Hornung, Endres Goltschmidt, Johann Weyer, Apotheker, Wendel Betzold, Johann Steinmetz, Kilian Fornlin, (natürlich auch der) Baumeister Tilman Riemenschneider, Jorg Spon, Hans Franck, Hans Wittstatt, Hans Eller und Paul Gotthart. Das war mehr als die Hälfte des Rates! Wie wichtig dem Rat die Angelegenheit war, zeigt auch, dass er sogar beschlussmäßig Ort und Zeitpunkt festlegte, an dem sich die Ratsherren zu treffen hatten, nämlich: vor dem Spital ungefähr um sechs Uhr oder bald danach, und wer fernbliebe, habe als Strafe zwei Viertel Weins zu bezahlen. Und auch der Stadtschreiber hatte sich der Abordnung anzuschließen. Damit waren es 15!

Auch Fürstbischof und Domkapitel schickten Domherren an Ort und Stelle, den Archidiakon Johann Schott von Schottenstein, den bischöflichen Generalvikar Bartolmes von der Kere, die Herren Bernhard von Guttenberg und Thomas Stein von Altenstein, den Fiscal Caspar Pfister sowie den fürstbischöflichen Rat Claus von Dettelbach. Und diese Herren bestanden darauf, dass die Mauern, wie vom Bischof gewünscht, gebaut werden. Und sie wurden tatsächlich gebaut, der gnädige Herr hatte sich, wie meist, über den Rat hinweggesetzt. Damit war aber wenigstens die mittelalterliche Stadtbefestigung endgültig abgeschlossen. Es folgten keine Erweiterungen mehr, allenfalls noch Verbesserungen im Bestand.

Der Herbst sah den Baumeister Tilman Riemenschneider in einer höchst unangenehmen Situation. Bürgermeister Hans Schmitt hatte in der Ratssitzung am 8. Oktober zu berichten, und das war der einzige (!) Tagesordnungspunkt, wie ihn das Domkapitel vorgeladen und massive Vorwürfe erhoben hatte. Der Baumeister *kaufe* in großen Mengen Holz und Bretter *vor*, kaufe also vor der offiziellen Eröffnung des Marktes ein. Vorkauf oder Fürkauf war aber allgemein verboten und mit Strafe bewehrt. Denn wer vor der offiziellen Eröffnung des Marktes einkaufen, eventuell knappe Waren sogar gänzlich aufkaufte, störte erheblich die gerechte Verteilung der Waren an die Bevölkerung und konnte, wenn er dann damit handelte, aufgrund seines momentanen Monopols die Preise künstlich in die Höhe treiben. Gleichzeitig umgehe der Baumeister mit dem Vorkauf den Zoll, verkaufe das Holz wieder und handle also damit. Ihre, des Domkapitels, Zolleinnahmen würden dadurch erheblich geschmälert. Der Zoll für den Warenverkehr auf dem Main stand eigentlich dem Bischof zu, er hatte ihn aber, wohl für ein Darlehen, dem Domkapitel verpfändet. Die Domherren erklärten jedenfalls unmissverständlich, dass ihnen dieses Gebaren des Stadtbaumeisters *unleydlich* sei und sie es nicht hinnehmen würden. Für eine Antwort setzten sie dem Bürgermeister eine ausgesprochen kurze Frist, nämlich noch den gleichen Tag.

Nach sofortiger Beratung im Rat machten sich die beiden Bürgermeister Hans Kremer und Hans Schmitt mit dem „angeklagten" Baumeister Tilman Riemenschneider, dem Ratsherrn Jorg Spon und dem Stadtschreiber Martin Cronthal pflichtgemäß noch am selben Tag auf den Weg zum Kapitelhaus. Dort angekommen, mussten sie sich eingangs noch einmal die Vorwürfe anhören, hatten sich aber gut vorbereitet und nahmen ihren Baumeister in Schutz. Sie erklärten den hohen Herren, dass sie sehr wohl den Baumeister beauftragt hätten, Holz und Bretter zum Nutzen und Notdurft der Stadt für städtische Baumaßnahmen einzukaufen, um einen Vorrat an gutem und trockenem Holz und Brettern zu haben. Ihre Gnaden möchten ihnen glauben, dass es immer besser sei, mit trockenem als mit grünem Holz zu bauen. Und dann verkniffen sich die Ratsherren auch nicht einen süffisanten Hinweis: Die städtischen Baumeister hätten es schon immer so gehalten, wenn der gnädige Herr, Herren des Kapitels oder andere Personen kein geeignetes Bauholz gehabt hätten, ihnen Holz um einen angemessenen und günstigen (!) Preis zu überlassen. Dies nütze einer ganzen Gemeinde und sei kein Schaden. Dann betonten sie noch, dem Baumeister nicht befohlen zu haben, Holz zum Zwecke des Weiterverkaufs zu erwerben. Tilman Riemenschneider schließlich ergänzte, dass er keinesfalls zum Vorteil des Rates oder gar zu seinem Vorteil Holz einkaufe, sondern ausschließlich zu Nutzen und Notdurfft der ganzen Gemeinde, und wies darauf hin, dass solche Einkäufe zu allen Zeiten nicht verzollt worden wären. Der Rat drückte zum Abschluss seine untertänige Hoffnung aus, ihn bei dieser Übung bleiben zu lassen.

Die Herren des Domkapitels ließen sich durch diese Ausführungen überzeugen. Sie hätten nichts gegen solche Einkäufe einzuwenden, wenn sie Zwecken der Stadt dienten. Der Rat solle es halten, wie es recht und billig sei, aber es nicht übertreiben. Die Sache war also noch einmal gut ausgegangen. Aber so ganz sicher war sich der Rat anscheinend doch nicht, ob alles mit rechten Dingen zugegangen war. Denn nach über einem Jahr kam er anlässlich der routinemäßigen Neuwahlen der Amtsträger auf die Angelegenheit zurück. Einstimmig wurde beschlossen, dass der *ye zu zeyten* gewählte Baumeister nicht für sich mit Brettern und Holz, sondern allein im Namen und zum Nutzen der Stadt handeln solle!

Der Fischermeister

Der Wahl Tilman Riemenschneiders zum Fischermeister war etwas Ungewöhnliches vorausgegangen. Bis zum Jahr 1507, dem Wahljahr Riemenschneiders zum Fischermeister, gehörte die Aufsicht über das städtische Fischwesen zum Aufgabenbereich des jeweiligen Baumeisters. So verwaltete auch Meister Til im vorangegangenen Jahr in Personalunion das Baumeister- und das Fischermeisteramt. Mitten in seiner Baumeisteramtszeit, am 28. September 1506, fasste der Rat „aus heiterem Himmel“ den Beschluss, *ein fischermeyster uber die greben und demselben ein lone (Lohn) zu machen, dan der bawmeyster hab sunst gnug zu schaffen und sei im der arbeyt zu vil, und demselben fischermeyster einen redllichen fischer zuzugeben.* Der Rat schuf damit ein bis dahin nicht eigenständiges Ratsamt aus Anlass der Amtsführung Tilman Riemenschneiders! Außer dem Hinweis auf die zu große Arbeitsbelastung verrät das Ratsprotokoll keine weiteren Hintergründe für diese Entscheidung. Das lässt natürlich Raum für Spekulationen. Hat Riemenschneider seine Aufgaben als Baumeister nicht zur Zufriedenheit erfüllt oder hat er das Fischereiwesen vernachlässigt? Bechtold[67] vermutet, dass der Beschluss lediglich auf eine Beschwerde Riemenschneiders über seine Arbeitsüberlastung zurückgeht und dass die Kunstwerke, die in den Jahren 1505–1507 aus seiner Werkstatt kamen, wohl alle nur Gesellenarbeiten waren. Auch in den nächsten Jahrzehnten bestellte der Rat keinen eigenständigen Fischermeister mehr, ein solcher wird erst wieder 1547 in den Ratsprotokollen erwähnt. Bemerkenswert ist auch, dass die Sammlung der Ratseide zwar für den Mitarbeiter, den Stadtfischer, einen Eidestext enthält, jedoch keinen für ein eigenes Fischermeisteramt.[68] Ist dies ein weiterer Beweis für eine „lex Riemenschneider"?

Am Montag nach Martini, dem 15. November 1507, übertrug dann der Rat Tilman Riemenschneider das neu geschaffene Ratsamt. Seinen Aufgabenzuschnitt hatte der Rat wie folgt beschrieben: *Der sol uff die greben unnd altwasser, die zu besetzen* (mit Fischen*), zu wartten, auch allennthalben die gemein* (damit sind wohl die städtischen Fischgewässer gemeint), *wue die beschedigt wurde, zu besichtigen unnd darin getrewlich unnd vleyssig nach nutz der stat unnd gemein* (Gemeinde) *zu hanndlen. Davon sol ime 12 gulden zu belonung geben.* Erstaunlich, dass die Prämie für ein gleichsam halbes Amt so hoch angesetzt wurde. Denn nach den Steuerherren mit 16 Gulden erhielt nur noch der Baumeister mit zwölf Gulden einen zweistellige Jahresaufwandsentschädigung. Allen anderen Ratsämter waren mit einem deutlich niedrigeren Betrag dotiert, überwiegend nur mit drei bis vier Gulden.

Städtische Fischgewässer waren das Altwasser im Mainviertel unterhalb des Schottenklosters, entstanden 1472 durch Vertiefung des außerhalb der Stadtmauer von der Dreikronenstraße bis zum Schottenkloster verlaufenden Grabens,[69] die wassergefüllten Gräben an den Stadtmauern und entlang der Mittelmauer, letztere im Volksmund Egel- oder Eichelsee genannt. Das war eine Reihe in sumpfigem Gebiet liegender kleinerer Seen ungefähr dort, wo heute das Mainfranken Theater steht und die Ludwigstraße stadtauswärts zieht. Später kam als Fischgewässer noch das Altwasser vor der Flügelmauer des Burkarder Tors hinzu, welches vom Tor zum Main hinunter verlief.

Die tägliche Arbeit verrichteten Stadtfischer. Wir kennen sogar die Namen derer, die zur Zeit des Fischermeisters Tilman Riemenschneider in Diensten standen. Da war der altgediente Hans Hack, der aber derzeit schon *swach*, krank, war und seine Aufgaben nicht mehr in vollem Umfang wahrnehmen konnte. Deshalb sah sich der Rat gezwungen, einen weiteren Stadtfischer einzustellen, *domit der greben unnd altwaßer gewartt unnd ein rate versorgt sey.* Mit dem ersten Kandidaten hatte er kein Glück. Der Fischer Deinhart war zwar mit dem Lohn von sechs Gulden und einem Rock jährlich zufrieden, doch als er forderte, die Ratsschänke zum Grünbaum besuchen zu dürfen, wann er wolle, nahm der Rat von einer Anstellung Abstand. Anfang August 1508 wurde der Rat dann aber fündig. Er nahm einen gewissen Hempel Popp als neuen Stadtfischer an, der *hat globt unnd geschworen lautt des eydbuchs* und die Bedingungen, unter denen er die Trinkstube im Rathaus besuchen durfte, akzeptiert: nicht an Werk-, nur an Feiertagen, und dann dort den Bürgermeistern aufwarten! Aber Hempel Popp, der neue Kollege von Hans Hack, war durchaus kein unbeschriebenes Blatt. Das Ratsprotokoll berichtet von einem Vorfall noch vom Februar desselben Jahres, bei dem Hempel Popp aus dem Mainviertel die Froner und Diener des Bischofs, die im Steinbruch arbeiteten, geschlagen und sie Schalke, das heißt böse, arglistige Menschen, und Verräter, ein ziemlich starkes Schimpfwort, geheißen hatte. Der Fall wurde sogar dem Schultheiß vorgetragen, denn ein solches Verhalten könne nicht hingenommen werden, da sonst die Leute nicht mehr arbeiten wollten. Wie diese Sache ausgegangen ist, verrät uns das Ratsprotokoll leider nicht.

Der Stadtfischer hatte in seinem Eid zu geloben, den Bürgermeistern und dem Rat getreulich zu dienen, von der Stadt Schaden abzuwehren sowie Schäden und Mängel an den Gräben und Altwassern zu melden. Er schwor, Fische, die er fing, ohne Erlaubnis der Bürgermeister oder des Stadtbaumeisters (bzw. Fischermeisters) nicht nach Hause zu tragen oder woandershin tragen zu lassen, sie auch nicht zu verschenken oder gar zu verkaufen. Sofern ihm befohlen werde, die städtischen Fische auf offenem Markt feilzuhalten, habe er den Verkaufserlös dem Baumeister oder dem sonst dazu Bestimmten zu übergeben, ehe er vom Markt nach Hause gehe, und davon nichts zu behalten. Und was er zum Fischen an städtischem Werkzeug nutze, habe er getreulich zu warten und wieder zurückzugeben, keinesfalls für seine privaten Zwecke zu gebrauchen. Die Anweisungen des Baumeisters, zum Beispiel für das Eis-offen-Halten der Gräben im Winter, zum Ablassen des Wassers, zum Fischen und anderen Dingen versprach er, gehorsam und willig zu befolgen.

Jedes Jahr, oft im März oder April, wurde gefischt. Der Fang wurde regelmäßig von den Ratsherren in Ratsmahlen verspeist oder unter ihnen aufgeteilt. Nur selten wich man von dieser lieb gewonnenen Übung ab, so im September 1505: Jedes Jahr spendierte nämlich der Bischof dem Rat einen Hirsch zum Kirchweihmahl, konnte aber dieses Jahr nicht wie gewohnt dabei sein. Zum Zeichen der Dankbarkeit beschloss der Rat, unserem gnädigen Herrn etliche Fische zu schenken, *so sie gefangen werden mogen.* Dieser Vorbehalt erscheint sehr überzeugend. Der Rat hatte dabei aber nicht nur im Sinn, sich dankbar zu erweisen, sondern auch einen schönen Hintergedanken. Das Ratsprotokoll beschreibt ohne Umschweife den Zweck des Fischgeschenks: Damit *unnser gnediger herr einem rate dester gnediger sei.* Es standen nämlich zahlreiche Verhandlungen mit seinen Gnaden wegen Zoll, Ungeld und *anderer sachen halben* an. Heute heißt das passende Sprichwort: Mit der Wurst nach der Speckseite werfen. 1505 tat es der Rat mit Fischen.

Tilman Riemenschneider beendete sein Amt im November 1508 und legte pflichtgemäß vor dem Rat Rechenschaft über seine Amtsführung ab. Leider konnte er auch dieses Amt nicht ganz beschwerdefrei zu Ende führen. Der Rat nahm Anstoß an seiner Rechnung, er erschrak gewaltig über die Höhe der Ausgaben: … *unnd hetten ob der rechnung grosse beswernus, das sovil costenns uff altwasser unnd graben ginge. Darzu so wer ein grosser lone …,* den Tilman Riemenschneider ausbezahlt hatte. Aber weitere Konsequenzen zog der Rat nicht, letztlich wollte er *in sein rechnung nichts reden.* Man behielt sich aber vor, bei den nächsten Wahlen und Beratungen über Ämter *weytter davon zu hanndeln.*

Tatsächlich war die von der Stadt geübte Fischwirtschaft eine aufwendige Angelegenheit, die mehr Kosten verursachte als Nutzen einbrachte. In späteren Jahren versuchte der Rat durch Verpachtung der Altwasser und der Stadtgräben an Fischer, Abhilfe zu schaffen.[70] Seberich[71] beschreibt sehr anschaulich, was an Arbeit und Pflege in und um die Fischwässer anfiel. Lassen wir ihn einfach selbst zu Wort kommen: „Häufig hören wir, dass Setzlinge, junge Oehl (Aale), Kerpflich (Karpfen), Bersch (Barsche) oder Hechte eingebracht wurden … Einige Jahre lang hielt man sogar Schwäne … Durch die Einteilung des Grabens um die innere Stadt in einzelne Stücke mit stehendem Wasser, das nur wenig Zu- und Abfluss hatte, verschlammten und verwuchsen die Gräben sehr. Darum mussten sie von Zeit zu Zeit gefegt werden. Zu diesem Zweck wurde das Wasser durch den in jedem

Damm vorhandenen Schlegel (Grundablass) aus dem zu reinigenden Stück und unterhalb dessen abgelassen. Die Fische nahm der Fischer heraus und brachte sie einstweilen in ein anderes Stück. Dann stellte der Baumeister eine Holzrampe (Brücke), vom Grabenrand bis zur Sohle reichend, her, auf welcher die Schlammkarren herausgefahren werden konnten. Mit den ‚Seegräbern', die meist von auswärts kamen, wurde ein Geding, ein Vertrag, gemacht und bestimmt, wie tief sie den Schlamm ausstechen sollten: Einen Stich (Spatenstich), zwei oder auch drei Stich tief. Die Rampe wurde nach Bedarf weitergerückt und so das Grabenstück für längere Zeit wieder einmal gesäubert. Dabei kam außer Schlamm stets auch vieles andere, Steine, alte Hafen (Töpfe) und ähnliches Unbrauchbares zum Vorschein. Bei dem Fehlen einer Müllabfuhr benützten die biederen Einwohner eben den Graben zur Ablagerung. Wurden aber tote Tiere darin gefunden, so musste der Züchtiger (Henker) oder sein Gehilfe, der Peinlein, sie beseitigen, da ihre Berührung unehrlich machte."

Mitglied im Oberrat

In den folgenden Wahlen für die Amtsperiode 1508/1509 fand Tilman Riemenschneider keine Berücksichtigung. Erst nach einjähriger Pause betraute ihn der Rat wieder mit einem Amt: Er ordnete ihn zusammen mit dem alten Bürgermeister Jorg Ganzhorn und dem Ratsherrn Kilian Vortliep für ein Jahr in den Oberrat ab, auch Oberer Rat geheißen.

14 Herren bildeten das Gremium: Vier Domherren, je ein Chorherr von Stift Haug, St. Burkhard und Neumünster vertraten die Geistlichkeit. Ihnen saßen als Vertreter des Rats und der Gemeinde Würzburg jeweils der alte Bürgermeister des Vorjahres, zwei weitere Ratsherren, ein Häcker, ein Bäcker, ein Metzler (Metzger) sowie ein „gemeiner Mann", einer aus der Stadtgmeinde, gegenüber. Es bestand also Stimmengleichheit. Entscheidend war daher bei einer Pattsituation die Stimme des bischöflichen Schultheiß, der als 15. Mitglied den Vorsitz führte. Letztlich beherrschte also die klerikale Partei dieses Gremium.

Der Oberrat war andererseits nicht, wie sein Name vielleicht aussagen könnte, dem städtischen Rat, der früher auch Unterer Rat genannt wurde, übergeordnet, etwa im Sinne einer Aufsichtsbehörde oder Berufungsinstanz. Vielmehr erstreckten sich seine Zuständigkeiten und Entscheidungskompetenzen auf von denen des Rates der Stadt völlig getrennte Rechtsgebiete. Und dies waren allerdings die wirklich wichtigen Angelegenheiten in der Stadt. So führte der Oberrat die Aufsicht über die Zünfte, erließ alle Anordnungen, was die öffentliche Sicherheit und Ordnung anbelangte, überwachte die Einhaltung der gewerbepolizeilichen Vorschriften und verhängte bei Verstößen dagegen Bußen. Das Gremium übte die Marktkontrolle aus und erließ Maß- und Gewichtsbestimmungen, setzte die Löhne fest, überwachte auch Sitte und Moral und schaffte sogar Vorschriften über Hochzeitsfeiern, Kindstaufen und das Ammenwesen.

Der Stadtrat maß dem Amt eines städtischen Oberratsmitgliedes im Vergleich zu den anderen Ratsämtern keine so wichtige Bedeutung bei. Er dotierte es mit lediglich zwei Gulden jährlich. Vielleicht war dafür auch ausschlaggebend, dass dort die geistliche Seite die Vorherrschaft hatte und letztlich ihren Willen auch gegen die städtischen Interessen durchsetzen konnte. Und sicherlich nahm das Amt im Oberrat weniger Zeit in Anspruch.

Der Himmelträger

Während seiner Amtszeit als Oberratsmitglied erfuhr Tilman Riemenschneider eine ganz besondere Ehre. Der Rat bestimmte ihn als einen der vier Ratsherren, die bei der Palmsonntagsprozession den Himmel tragen durften. Die Auszeichnung, den Baldachin über dem „Corpus Christi“, also über dem Kreuz mit dem Leib des Sohnes Gottes, und dem Allerheiligsten, der Monstranz mit der Eucharistie in Gestalt der Hostie, tragen zu dürfen, verschaffte den Ausgewählten ein ganz besonderes Sozialprestige. Dafür kamen überhaupt nur Ratsherren in Frage. Wie wichtig diese Angelegenheit war, zeigt die Tatsache, dass der Rat in einem Beschluss vom April 1506 sogar eine Reihenfolge für dieses „Ehrenamt“ festgelegt hatte: Fronleichnam *sollen tragen die eltsten, Georii* (St. Georgstag) *die negsten darnach, Octavas Kiliani die nachvolgenn. Ciriaci* (Heiligentag des Märtyrers Cyriacus) *aber die negsten, Ostern die jungsten.*

An welcher Stelle sich die übrigen Prozessionsteilnehmer einzureihen hatten, war ebenfalls von großer gesellschaftlicher Bedeutung. In Prozessionsordnungen war genau festgelegt, welches Handwerk, wiederum unterschieden nach Gesellen und Meistern, an welcher Stelle vor oder nach welchem anderen laufen durfte. Sogar in Einzelbeschlüssen musste sich der Rat mit Rangstreitigkeiten befassen, so zum Beispiel im August 1506, als er die Bitte der Altreußen, der Flickschuster, abschlägig verbeschied, die nach den Bäckergesellen und vor den anderen Meistern gehen wollten. Auch die Anzahl der Kerzen, die die einzelnen Gewerbe mittragen durften, meist zwei oder vier, war vorgeschrieben. Die Ratsherren jedenfalls waren bescheiden und gingen mit zwei Kerzen vor dem Himmel mit dem Sakrament her.

Der Kapellenpfleger

In unmittelbarem Anschluss an seine Tätigkeit im Oberrat wurde Tilman Riemenschneider in den Wahlen vom November 1510 das Amt eines der beiden Kapellenpfleger übertragen. Der Ratsherr Johann Steinmetz war ausgeschieden, sein Kollege Kilian Vortliep amtierte bereits seit dem Vorjahr.

Die Marienkapelle, *unnser lieben Frawen capellen uff dem Judenplatz,* hatte eine dramatische Vorgeschichte: Seit vier Jahrhunderten gab es in Würzburg eine starke, blühende jüdische Gemeinde. Ihre Siedlung befand sich auf dem Gelände des heutigen Marktplatzes. Der Boden war uneben und größtenteils sumpfig, die Häuser mussten teilweise auf Holzpfählen gegründet werden. Ursache dafür war die Umleitung der Kürnach um die Stadt, damit sie die Stadtgräben mit Wasser versorgte. Der innerhalb verbliebene Unterlauf, Rigol oder sogar Cloaca genannt, diente nur noch als Abwassergraben und war nur schwer sauber zu halten.[72]

Nach mehrereren vorausgegangenen Progromen kam es im Jahr 1349 zu einer die jüdische Gemeinde Würzburgs auslöschenden Katastrophe. Der „schwarze Tod“, die Beulenpest, hatte sich über Italien und Frankreich nach Deutschland verbreitet und erreichte nun auch Würzburg. Die ersten Einwohner waren schon erkrankt und gestorben. Panik erfasste die Menschen, sie waren der lautlosen und unsichtbaren Seuche hilflos ausgeliefert. Es war ihnen noch unbekannt, dass die Erreger durch Ratten und deren Flöhe übertragen wurden. Da den Menschen das medizinische Wissen fehlte, brauchten sie andere Erklärungen für die Seuche. Man suchte nach Schuldigen und fand sie schnell in den Juden. Sie sollten die Brunnen vergiftet haben. Die Juden waren vielen Bürgern verhasst. Die Kirche hatte den Christen Geldverleih und Zinseinnahmen/-handel verboten. Jesus selbst hatte die Geldwechsler und -verleiher aus dem Tempel in Jerusalem vertrieben. Kredite konnte man also nur von Juden bekommen, und die verlangten sehr hohe Zinsen, was manche Bürgersnot noch verschlimmerte. Am 21. April 1349 ging das Judenviertel in Flammen auf. Angeblich hatten die Juden selbst aus Furcht vor den heranziehenden Geißlern und Übergriffen der Bevölkerung ihre Häuser angezündet und darin ihren Freitod gesucht. Die Geißler waren fanatische religiöse Eiferer, die durch das ganze Land zogen, gegen die Juden als Schuldige an der Pestseuche hetzten und sie verfolgten. Sie glaubten, durch Selbstgeißelungen und blutige Bußübungen den Zorn Gottes besänftigen zu können und die Epidemie zu bekämpfen. Tatsächlich waren es aber wohl Christen, die die jüdischen Häuser in Brand gesetzt hatten.[73] Das niedergebrannte und entvölkerte Viertel schenkte Kaiser Karl IV. dem Würzburger Bischof Albrecht von Hohenlohe. An der Stelle der zerstörten Synagoge baute man eine Kapelle aus Holz und weihte sie der Gottesmutter Maria. Dadurch konnte der Platz, der durch das jüdische Gotteshaus nach damaliger Vorstellung entweiht war, wieder „entsühnt" werden. Den Grundstein für den Chor der noch heute bestehenden Kirche aus Stein hatte am 16. Mai 1377 Bischof Gerhard von Schwarzburg gelegt. Dann aber entwicklete sich die Errichtung von Langhaus und Turm immer mehr zum Anliegen der Stadt. Die Bauarbeiten zogen sich, teils auch aus Geldmangel, hin. Erst im Jahr 1479, also 102 Jahre nach der Grundsteinlegung, war mit der Fertigstellung des Turms der Kirchenbau vollendet. In der Zwischenzeit hatte sich in der mit Stolz als „ Bürgerkirche" bezeichneten Marienkapelle ein reiches religiöses Leben entfaltet. Bürgerkirche deswegen, weil sie die eigentliche Kirche der Bürgerschaft und des Rates und Symbol ihres Selbstbewusstseins geworden war. Viele Ratsherren ließen sich in „ihrer" Marienkapelle bestatten. Die Bürger wollten sich gegen die geistliche und politische Macht des Bischofs, der Stifte und Klöster positionieren und behaupten. So verwalteten städtische Amtsträger, die Kapellenpfleger, und der Rat die Angelegenheiten der Kirche. Grund für die Bezeichnung als Kapelle, wie sie bis heute heißt, war, dass sie aus der Dompfarrei ausgegliedert und für sie keine eigene Pfarrei begründet wurde. Die Gottesdienste wurden daher auch nicht von den Dompfarrern, sondern von Angehörigen der Klöster und Inhabern der Vikarien gehalten.[74]

Seit 1453 residierte in der Marienkapelle die schon erwähnte Ratsbruderschaft St. Jakob und St. Sebastian des Rates der Stadt Würzburg. Seit Beginn des 15. Jahrhundert hatte auch die Rittergesellschaft der Fürspanger dort ihren Sitz, ebenso die Bruderschaft des Hofgesindes, die das „Reiche Almosen" gestiftet hatte. Die Stiftung versorgte bedürftige Würzburger Bürger mit Essen, Kleidung und Schuhen. Und schließlich war noch die Bruderschaft der Pfeifer, Trompeter und Lautenschläger aufgenommen worden.

Zu seinem Kapellenpflegeramt hatte Tilman Riemenschneider wohl eine größere innere Beziehung als zu jedem anderen ihm übertragenen Ratsamt. Wenn er zur Erledigung der Amtsgeschäfte von seiner Wohnung und Werkstatt in der Franziskanergasse über den Fischmarkt, den Sternplatz, durch die Judengasse, die jetzt Schustergasse heißt, auf den Judenplatz zuschritt, der auch noch nach Beseitigung der jüdischen Hausreste und Einebnung des Geländes seinen Namen behielt, so begrüßten ihn direkt gegenüber an der Südwand, der Schauseite der Kapelle, zwei seiner inzwischen weltbekannten steinbildhauerischen Meisterwerke: Adam und Eva, das erste Menschenpaar. Vor genau 20 Jahren hatte der Rat der Stadt beschlossen, die alten Figuren Adams und Evas *hinweg zu tun und in die Capelle zu setzen, und andere Adam und Eva Meister Til zirlich hauen zu lassen.* Sieben Monate später, am 5. Mai 1491, wurde Riemenschneider *angedingt*: Er erhielt seinen ersten öffentlichen Auftrag, den er mit der Fertigstellung und Übergabe der Skulpturen an den Rat am 10. September 1493 erfüllte. Im Auftrag war festgelegt, dass die Figuren *ungeverlich drei Finger höher dann Meister Til* werden sollten. Da die Steinskulpturen Adams 189 cm und Evas 185 cm groß sind, wissen wir nun auch, welche Körpergröße Tilman Riemenschneider aufwies. Mit rund 185 cm war er für die damaligen Verhältnisse ein sehr großer Mann. Sehr groß war auch der Lohn von insgesamt 120 Gulden, den ihm die Stadt bezahlte. Eingeschlossen waren 20 Gulden Prämie, die auf den vereinbarten Werklohn von 100 Gulden aufgeschlagen wurden, weil die Skulpturen *meisterlich, kunstlich, zierlich und ehrlich gemacht sind.*[75]

Auch in den 14 Nischen der äußeren Strebepfeiler der Kapelle standen in halber Höhe an Chor, Süd- und Westseite des Langhauses Werke aus der Hand des neuen Kapellenpflegers. In den Jahren 1500 bis 1506 hatte er, wieder im Auftrag der Stadt, die übergroßen Gestalten Christi, Johannes des Täufers und der zwölf Apostel aus Königshofener Sandstein geschaffen.

Im Kircheninneren traf Tilman Riemenschneider auf ein weiteres von ihm geschaffenes steinernes Bildwerk, das Grabdenkmal des Ritters Konrad von Schaumburg. Der war seit 1470 Hofmarschall des Fürstbischofs Rudolf von Scherenberg und damit Inhaber eines der höchsten Ämter am bischöflichen Hof gewesen. Auf der Heimreise von einer Pilgerfahrt nach Jerusalem 1499 war er auf See gestorben. 1500 von den Testamentariern des Ritters beauftragt, schuf der Meister das Epitaph zwischen den Jahren 1502 und 1504, also noch vor seinem Einzug in den Rat im November 1504.[76]

Was hatte Riemenschneider als Kapellenpfleger zu tun? Kurz gesagt, er musste sich um alle Angelegenheiten der ihm anvertrauten Kirche kümmern. Da fielen immer wieder größere und kleinere Unterhaltungs- und Reparaturarbeiten am und im Gebäude, am Turm, am Dach und an der Fassade an. Ein neuer Altar sollte mitten in der Kapelle vor dem Hauptaltar errichtet und seitlich mit Gittern versehen werden. Dazu musste erst einmal die Einwilligung des Bischofs eingeholt werden. Die Kapelle war zu säubern und *allenthalben* abzukehren. Vor der Kirche sollte gepflastert werden. Die Orgel war *gebrechlich* (schadhaft), der Kapellenpfleger besorgte einen Fachmann für Reparatur und Renovierung.

Sehr wichtig war die Verwaltung des Kapellenvermögens. Die Kapelle war Eigentümerin verschiedener Häuser in der Stadt, so zum Beispiel eines im Mainviertel, das jährlich einen Gulden Zins abwarf. Die rechtzeitigen Mietzahlungen für die Läden, die sich an die Ost-, West- und Südfront des Langhauses anschmiegten und die es heute an der Südfront noch gibt, waren zu überwachen und ausstehende Gelder notfalls einzutreiben. Wurden Läden frei, so oblag es den Pflegern, neue Mieter *nach dem besten* auszusuchen. Umgekehrt konnten sie auch unzuträglichen Ladenbesitzern kündigen, so einem *getauften juden*, der sich einer *unziemlichen Handlung* schuldig gemacht hatte.

Geld kam in die Kapellenkasse durch Verkauf einiger Häuser: Das Haus des Scharfrichters zum Beispiel, des Ratsschmieds und des Kesslers, des Kessel-und Pfannenschmieds. Spenden waren willkommen, nicht nur in Form von Silber- und Goldmünzen, sondern auch als Sachspenden. In ihrer Rechnung wiesen die Kapellenpfleger Einnahmen aus dem Verkauf gespendeter Kleider, von Schmuck und anderen Kleinodien aus. Ein silbernes Etui, Spangen, Löffelstiele aus Silber und weiße, unvergoldete silberne Knöpfe waren ausgeliehen und wurden nach dem Tod des Entleihers wieder zurückgefordert. Als eine alte Frau in das Gemach hinter der Kapelle oberhalb der Steinhütte aufgenommen wurde, vermachte sie, und das war sicherlich Bedingung für ihr Obdach, ihr Hab und Gut der Kapelle. Die Kapellenpfleger waren eingebunden in die Vergabe von Pfründen, also die Möglichkeit, aus einem kirchlichen Amt Einkommen zu erzielen.

Die Amtszeit Tilman Riemenschneiders von 1510 bis 1512 war für die beiden Kapellenpfleger eigentlich eine ziemlich ruhige. Im Mai 1511 befahl der Rat beiden Pflegern, den Altar in der Kapelle weihen zu lassen. Es handelte sich um den Altar, mit dem sich der Rat schon einmal beschäftigt hatte und der in der Kirchenmitte errichtet werden sollte, zwischenzeitlich wohl auch wurde. In die Tat umgesetzt wurde der Ratsbeschluss aber erst ein Jahr später, im April 1512. Der Rat hatte nach wohl längerer Diskussion *mererteyls*, also mehrheitlich und nicht wie meist einstimmig, festgelegt, dass die Kapellenpfleger den Altar zu Ehren eines von ihnen bestimmten Apostels, im übrigen zu Ehren der Heiligen Anna, Sebastian und Wolfgang weihen lassen sollten. Außerdem ermächtigten die Ratsherren Riemenschneider und Vortliep durch ausdrücklichen Beschluss, die Läden an der Kapelle *redenlichen* Leuten zu verleihen. Diese Befugnis hatte der Rat zwar schon den Vorgängern im Amt erteilt. Aber ihm war die Vermietung und Auswahl der Bewerber offensichtlich so bedeutsam, dass man den neuen Kapellenpflegern jeweils noch einmal gesondert Aufgabe und Vollmacht zuwies.

Die Aufzeichnungen über den Herbst des Jahres 1511 lassen noch einen Blick auf ein besonderes Ereignis werfen, bei dessen Beratung im Rat sicher auch die Kapellenpfleger Riemenschneider und Vortliep ein gewichtiges Wort mitsprachen. Der Domprobst Albrecht von Bibra war verstorben. In seinem Testament hatte er eine großherzige Stiftung verfügt und als deren „Schauplatz" die Marienkapelle bestimmt. Aus seinem Nachlass sollte der ehrbare Rat 1.000 Gulden um einen ewigen Zins von 40 Gulden jährlich anlegen. Jedes Jahr vier Wochen vor Assumptionis Marie, Maria Himmelfahrt am 15. August, sollten die Viertelmeister jeder aus seinem Viertel *zwue fromme, arme junckfrawen, Wurtzpurger kinder,* aussuchen und dem Rat benennen. Dieser wiederum sollte aus den 16 Vorgeschlagenen letztlich zwei auswählen, die mit frommen, redlichen Handwerkern oder Häckern zu verheiraten waren. Zur ehelichen Aussteuerung sollten sie je 20 Gulden aus der Stiftung erhalten. Auch die feierliche Umrahmung der Hingabe des Geldes hatte der Domprobst bis ins Kleinste festgelegt. Einen Tag nach Himmelfahrt sollte sie in der Marienkapelle stattfinden, begleitet von einer gesungenen Messe, im Beisein der Bürgermeister und der Ratsherren. Nach Beendigung des geistlichen Amtes, der Messe, sollte der Priester die Brautleute *zum sacrament der heyligenn ehe zusamen gebenn* und die Bürgermeister *alßbalden* das Geld überreichen.

Soweit ist zu vermuten, dass Rat und Kapellenpfleger diese Aufgabe wohl ohne Bedenken übernommen hätten. Aber es gab noch weitere Anordnungen. Der Stifter Albrecht von Bibra wollte, ob er nun schlechte Erfahrungen mit dem Rat gemacht hatte oder ein ganz besonders vorsichtiger Herr war, sicher gehen, dass seine Anweisungen *dester statlicher und unverbruchlicher gehalten* werden. Er hatte im Testament verfügt, dass weitere 125 Gulden mit einem Jahreszinssatz von fünf Gulden anzulegen wären. Und dieser Zinsertrag sollte als Anreiz für die Einhaltung seiner Weisungen eingesetzt werden. Nach dem *heyligen ampt der messe in unnser Frawen capellen uff dem Judenplatz,* so der Text des Testaments, waren folgende „Anwesenheitsprämien" auszuzahlen: Den Bürgermeistern 24 Pfennig, den teilnehmenden Ratsherren zwölf Pfennig Würzburger Münzen, ihren Ehefrauen sechs Pfennig, dem Priester 24 Pfennig, dem Schulmeister, der das Amt mit den Schülern sang, ebenfalls 24 Pfennig, dem Kirchner der Kapelle sechs Pfennig, der Kapelle selbst ein Pfund zur Beleuchtung des heiligen Amtes, acht der Schüler je drei Pfennig, und wenn noch etwas von den Gulden übrig verblieb, das sollten die Bürgermeister nach ihrem Gefallen ausgeben.

Dies alles war wohl dem Rat und den Kapellenpflegern zu viel an bürokratischem Aufwand. Man hat *vil unnd mannigerley* darüber diskutiert und dann durch Mehrheitsbeschluss festgelegt, dass man mit den Testamentsvollstreckern des Domprobstes *uff glimpflichst* verhandeln soll, diese Aufgabe einer anderen Stadt zu übertragen. Um nicht ganz ungefällig zu sein, boten sie dafür ihre Hilfe und *allen vleys* an, um das Testament *meins herrn thumprobst seyligen* Wirklichkeit werden zu lassen. Für das Jahr 1512 verzeichnet das Ratsprotokoll keine weiteren Aktivitäten der Kapellenpfleger.

Als Helfer für die Erledigung der täglichen Arbeiten standen den Pflegern ein Kirchner oder eine Kirchnerin zur Seite. Manchmal teilte sich auch ein Ehepaar diese Stelle. Über die Tagesarbeit der Kirchendiener gibt es wenig Nachrichten. Bemerkenswert ist aber der Bericht, unter welchen Bedingungen im Jahr 1513 Erhart Scheid und Katherina, seine *haußfraw*, als Kirchner und Kirchnerin angenommen wurden. Sie hatten, wie ihre Vorgängerin, die *alte kirchnerin*, die Aufgabe, alle Gefälle, also alle fälligen Zinsen, Pachten und Erträge aus Vermächtnissen und geschuldeten Naturalabgaben wie Getreide und Früchte, die der Kapelle zustanden, einzunehmen. Darüber hinaus mussten sie für Holz und Kohle zum Beheizen der Kirche sorgen. Als Lohn erhielten sie von den Kapellenpflegern alle Jahre vier Gulden und bekamen außerdem die Erlaubnis, Branntwein (!) herzustellen und damit zu handeln. Ihre ererbte Habe durften sie weiterhin benutzen, und sie erhielten die Zusage, dass sie, wenn sie beide nicht mehr in der Lage wären, ihre Arbeit in der Kapelle zu verrichten, dann einen Platz im Spital bekämen. Was nach ihrem Tode allerdings übrig bliebe, das alles sollte der Marienkapelle oder dem Spital gehören.

Als Entschädigung für das Kapellenpflegeramt waren jährlich sechs Gulden festgesetzt. Einer der beiden Kapellenpfleger hatte zudem das Register zu führen und erhielt dafür einen Zuschlag von zwei Gulden. Ob Riemenschneider oder seinem Kollegen Vortliep diese Zusatzaufgabe zufiel, darüber schweigt das Ratsprotokoll.

Kilian Vortliep und Tilman Riemenschneider legten jedes Jahr ihre Rechnungen *in offen rat*, in öffentlicher Sitzung, über ihr Amt ab. Das war zwar ungewöhnlich, denn sonst waren die Rechnungen nur am Ende der zweijährigen Amtszeit gefordert, ein Grund für diese Ausnahme ist nicht ersichtlich. Entscheidend war, dass Bürgermeister und Rat zufrieden waren mit der Amtsführung und an beiden Rechnungen *gutt gnugen* hatten.

Der Steuerherr

In den turnusmäßigen Neuwahlen am 15. November des Jahres 1512 vertraute der Rat Tilman Riemenschneider das Amt eines der zwei Steuerherren an. Michel Zirkel hatte sich schon zwei Jahre um die Finanzen der Stadt gekümmert und schied somit aus. Im Amt blieb der vor einem Jahr hinzugewählte Conrad Ochsner, dessen Kollege nun Tilman Riemenschneider wurde. Ochsner beendete ein Jahr später seinen Dienst im Steueramt und wurde anschließend zum Bürgermeister gewählt. An seine Stelle rückte der Ratsherr Georg Moring. Die sich jeweils ein Jahr überlappenden Amtsperioden hatte sich der Rat in einem Grundsatzbeschluss im Jahre 1506 einfallen lassen und festgelegt, *ye einen uber zwei jare absetzen und einen andern an sein stat welen* zu lassen. Damit sorgte er für die erforderliche Kontinuität in der Amtsführung und beugte vielleicht sogar möglichen Unregelmäßigkeiten vor.

Immer zwei Steuerherren, heute heißen sie Stadtkämmerer, leiteten gemeinsam das gesamte Finanzwesen der Stadt. Als Hilfskräfte arbeiteten ihnen die Steuerknechte, auch Steuereinnehmer genannt, und ein Steuerschreiber zu. Der Posten eines Steuereinnehmers war durchaus begehrt: Als Ende 1517 der Steuerknecht Jörg Wolfart krank und dienstunfähig wurde, bewarben sich tatsächlich zehn Männer um diesen Dienst. Und dem in geheimer(!) Wahl neu bestimmten Ratsknecht gab der Rat auf, er müsse Bürger werden und zwei Bürgen stellen. So viel Mühe machte man sich nicht bei den anderen Ratsdienern. Und wenn ein Steuerschreiber oder Steuerknecht treu und fleißig seinen Dienst verrichtete, konnte er sich ab und zu über eine Kappe oder einen Rock freuen, der ihm zusätzlich zu seinem Lohn geschenkt wurde, ja, es konnte sogar sein, dass er eine Dienstwohnung in einem der Stadtbefestigungstürme beziehen durfte.

Der Rat selbst hatte einmal das Amt der Steuerherren mit der Beschreibung: *dieweyl es nit der geringsten ampt keins ist* als das nach den Bürgermeistern wohl wichtigste in der städtischen Administration herausgehoben. Bezeichnend auch für seine hervorragende Bedeutung ist, dass den Steuerherren als einzigen im Rathaus, dem Grafeneckart, ein eigenes Büro, die Steuerstube, für die Ausübung ihrer Amtsgeschäfte zur Verfügung stand. Und schließlich war das Steueramt mit 16 Gulden jährlich das am höchsten dotierte aller Ratsämter.

Auch der Bischof hatte großes Interesse am Finanzgebaren der Stadt. Ihm stand nämlich die Hälfte des Aufkommens aus dem sogenannten Ungeld zu. Dies war eine Art Verbrauchssteuer, etwa vergleichbar mit der heutigen Mehrwertsteuer. Es wurde hauptsächlich auf den Verkauf und das Ausschenken von Wein erhoben. Für die Eintreibung und Verwaltung dieser wohl wichtigsten städtischen Steuer bestellte der Rat eigens je zwei Ratsherren zu „Ungeltern". Und um zu verhindern, dass die Ermittlung der eingenommen Ungeldsteuern vielleicht zu seinen Ungunsten zu gering ausfallen könnte, stellte der gnädige Herr den städtischen einen eigenen, bischöflichen Rat zur Seite. So legten die Ungelter ihre Jahresrechnung auch stets in Gegenwart des bischöflichen Aufpassers, das war in der Regel der Kammermeister, ab. Er empfing *von wegen unnsers gnedigen herrn das halbteyl* des Steueraufkommens, die andere Hälfte erhielt einer der beiden Steuerherrn, um es in die städtische Jahressteuerrechnung einzubuchen.

Aber auch sonst war dem Landesherrn wichtig, dass die Stadt über ausreichende Finanzmittel verfügte. Wenn nämlich die bischöfliche Geldtruhe „Schwindsucht" hatte, kam dem Bischof des Öfteren die Stadtkasse in den Sinn. So trug im Oktober 1505, Riemenschneider saß gerade ein Jahr im Rat, der Domherr und bischöfliche Rat Peter von Aufsess im Auftrag seines Herrn dem Gremium vor, dass sein Gnade im Landshuter Erbfolgekrieg[77] und auf dem anschließenden Reichstag zu Köln erhebliche Kosten aufgewendet hatte. Allerdings wolle der gnädige Herr auf eine Umlage dafür verzichten. Wenn sich die Ratsherren darüber noch gefreut haben sollten, so folgte der Freude sofort wieder die Ernüchterung: Die *Romisch Konigliche Majestät*, Maximilian I., habe seinen fürstlichen Gnaden wie den anderen Fürsten auferlegt, einige Ritter und Fußknechte ein Jahr lang im Sold zu halten. Zur Finanzierung dieser Auflage müsse die Stadt Würzburg einen Beitrag in Höhe von 600 Gulden leisten. Der Rat solle dieses Geld sofort fällig stellen, das heißt bezahlen, denn *es must da sein.*

Der Rat zitierte daraufhin die Viertelmeister mit ihren Rechenmeistern und eröffnete ihnen die Geldforderung des Bischofs. Davon wollte der Rat 200 Gulden übernehmen, die restlichen 400 Gulden sollte die Gemeinde in den Vierteln aufbringen. Das gab natürlich Anlass zu ausgiebigen Beratungen. Die Viertelmeister wollten nun zunächst die Meinung des Rates hören, und die war so: Man wolle den gnädigen Herrn *in unterteynigkeit* von Rat und Gemeinde wegen bitten, von dieser Anlegung möglichst gänzlich Abstand zu nehmen, wenigstens sie aber zu ermäßigen. Dies gefiel den Viertelmeistern sehr, sie wiesen darauf hin, dass die Viertel *ganntz arm* wären, kein Geld hätten und auch von den Leuten nichts eintreiben könnten.

Mit dieser Marschroute machten sich sodann an einem Sonntag die beiden Bürgermeister Hans Kremer und Hans Schmidt, die Ratsherren Matthes Hornung und Johann Weyer, der Apotheker, die Viertelmeister Jörg Ganßhorn und Jörg Moring und die Vertreter der Gemeinde Hans Felbaum und Jörg Endres auf den Weg zu seinen Gnaden. Sie überbrachten ihm die Antwort des Rates und der Viertel und baten um Erlass der Auflegung. Sie trugen vor *erstlich, wie sein gnade wißt,* lebten die Würzburger Bürger hauptsächlich vom Weinbau, aber der Wein sei etliche Jahre schon minderwertig gewesen. *Zum anndern* hätten die Würzburger in den vergangenen Jahren viel Getreide *zum teuerstenn* eingekauft und daran großen Verlust gehabt. *Zum dritten, so weßt sein gnad,* hätten sie in der letzten Zeit viel Geld *verreyst,* das heißt für Kriegszüge ausgegeben. Wahrscheinlich, um ein gutes Klima für ihre Bitten zu schaffen, bedankten sie sich erst einmal untertänig dafür, dass sie der gnädige Herr entlastet habe und daher die Ausgaben im Vergleich zu anderen Städten geringer gewesen seien. Aber dann wiesen sie weiter darauf hin, dass eine ganze Reihe von Häusern und Höfen, nämlich bei 253, und bei 1035 Morgen Weingärten aus der städtischen Steuer gefallen seien.

Der gnädige Herr reagierte aber nicht gnädig. Er antwortete, es *neme ine frembde,* dass sich die Bürger der Stadt Würzburg der Auflegung widersetzten. Er habe an die 20.000 Gulden dem ganzen Lande und dem Hochstift zu Gute für Kriegszüge und Verköstigung ausgegeben. Dazu habe er seinen Leib und sein Leben gewagt. Außerdem gehöre das Geld nicht ihm, sondern es sei eine allgemeine Anlegung, die alle Stände des Reichs geben müssten. Das Domkapitel und der Rat könnten verfolgen, wo das Geld hinkomme. Er selbst begehre davon keinen Heller, wenn etwas übrig bleibe, würde er es ihnen sogar wieder zurückgeben. Auch die Bitte des Rats um eine Verringerung der Summe *hat nicht sein wollen und kein ander meynung erlangen mogen, dan das gelt mußs da sein.* Und dann fügte seine Gnaden doch noch etwas Gnädiges an: Wo er nämlich dem Rat und der Gemeinde helfen könne, Steuern und andere Abgaben hereinzuholen, wolle er gerne behilflich sein. Denn es solle niemand davon befreit sein, weder seine Diener noch andere Personen. Auf die Frage, wie das der Rat anstellen könne, antwortete seine Gnaden, sie sollten die Abgaben einfach einfordern und die, die sich widersetzten, pfänden. Und wenn es notwendig werde, könne er ihnen auch seinen Schultheiß leihen. Das Ende vom Lied war eigentlich wie immer: Zwei Tage vor Weihnachten musste der Rat tief in die Geldtruhen greifen und dem Fiscal des Bischofs die 600 Gulden übergeben.

Ein zweiter Fall einer solch drastischen Anlegung war Tilman Riemenschneider sicher noch bestens in Erinnerung, denn sie geschah ein Jahr vor seinem Amtsantritt als Steuerherr im Jahr 1511. Es war erneut Fürstbischof Lorenz von Bibra gewesen, der, diesmal sogar schriftlich, forderte, seinem Kammermeister 500 Gulden zu übergeben. Damit wollte er seine Ausgaben beim Besuch des Reichstags zu Konstanz im Jahr 1507 und des Reichstags zu Augsburg im Jahr 1510 decken, an denen er als Reichsfürst teilgenommen hatte. Dazu kamen die Kosten eines Kriegszuges Kaiser Maximilians I., der diese seinerseits auf alle Reichsstände umgelegt hatte, und die nun auch der Würzburger Bischof auf seine Stadt Würzburg weiterübertragen wollte. Nach eingehender Beratung, auch mit den Viertelmeistern, beschloss der Rat einstimmig, den gnädigen Herrn zu bitten, die Summe zu *ringeren, ob etwas herabe zu bitten sey.* Außerdem wolle sein Gnade auch verfügen, dass die Auflage in Geld, also Münzen, geleistet werden könne, denn es sei kein Gold vorhanden, *alßdan die warheytt ist.* Man hatte sich also schon dem Grunde nach auf eine Zahlung eingestellt. Zur Untermauerung seiner Bitte um einen Nachlass führte der Rat die finanzielle Belastung durch drei Bauvorhaben, nämlich an der Mainbrücke, die umgeworfene Stadtmauer beim Markuskloster und den Rimparer Wartturm mit den Stegen und Wegen dort an, *di mit 400 mannen nit wol zu machen* sind. Man hatte noch die leise Hoffnung, *ob sein gnade erweicht werden mocht.* Zehn Tage später begab sich deswegen eine sechsköpfige Delegation des Rates, zu der auch der Stadtschreiber Martin Cronthal gehörte, unter Führung beider Bürgermeister zu Bischof Lorenz von Bibra. Aber der erteilte ihnen wieder einmal eine herbe Abfuhr. Die 500 Gulden, die er von Würzburg fordere, seien nicht einmal der vierte Teil dessen, was er an Kosten, darüber hinaus an Mühe und Arbeit gehabt habe. Er hätte auf Betreiben des Markgrafen und der Stadt Nürnberg sogar noch vor Neumarkt in der Oberpfalz, Altdorf bei Nürnberg und andere pfalzgräfische Flecken ziehen sollen. Davon habe er sich bei der kaiserlichen Majestät mit 7000 Gulden loskaufen müssen. Und dann folgte noch eine Drohung: Er habe die Bürger damit vom Kriegsdienst entlastet, künftig aber werde er sie in den Krieg ziehen lassen und selbst kein Geld mehr ausgeben.

Das war eindeutig, die Ratsherren mussten sich eingestehen, dass *sein gnad nicht hat nachlassen wollen.* Jetzt wechselten sie ihre Verhandlungstaktik und versuchten, dass wenigstens die Zahlungsmodalitäten erträglich gestaltet würden. Sie baten, wie sie beschlossen hatten, mit Münzen bezahlen zu dürfen, denn weder der Rat noch die Viertel besäßen Gold. Seine fürstlichen Gnaden war schon einige Tage vorher in einer anderen Angelegenheit der Meinung, der Rat *west das goldt wol auffzubringen* und entschied kurz und knapp, *man solt gold unnd muntz geben.* Und damit war ein Schlussstrich gezogen.

Welche Steuern flossen eigentlich in das nicht immer gut gefüllte Stadtsäckel? Neben dem bereits genannten Ungeld gab es – und das ist praktisch unverändert bis in unsere Zeit so – (Grund-)Steuern aus Immobilienbesitz, Zinseinnahmen aus gewährten Darlehen, für verpachtete Weinberge, für Häuser, die Bürger vom Rat *zu lehen* innehatten, den Brückenzoll und nicht zuletzt Einnahmen aus dem Betrieb der Ratsschänke. Wo landeten die Einnahmen? In unserer Zeit bewahrt die Stadt Würzburg keine größeren Bargeldbestände mehr im Rathaus auf, auch wenn es noch einen Tresorraum gibt. (Fast) alles wird bargeldlos über Bankkonten abgewickelt. Aber zu Riemenschneiders Zeiten musste das Geld sicher im Grafeneckart gelagert werden, und dafür gab es das *gewelb,* das Kellergewölbe unten im Turm. Anfangs wurden kleinere Beträge auch in der Steuerstube vorgehalten, aber seitdem der Rat im Jahr 1504 einen Grundsatzbeschluss gefasst hatte, wurde alles Geld nur noch im Gewölbe verwahrt. Und es war angeordnet, dass genau Buch darüber zu führen wäre, wer, wieviel und wofür er Geld entnahm, und ein Zettel beigefügt werden müsse, auf dem zu vermerken war, wann, an welchem Tag welche Münzen entnommen wurden.

Natürlich standen im Gewölbe noch keine Tresore, aber immerhin mit raffinierten Schlössern gesicherte Holz- und Eisentruhen. Geld war nur in Form von Münzen im Umlauf, Papiergeld gab es erst zwei Jahrhunderte später. An Münzen bot sich eine schier unübersehbare Vielfalt: Die wertvollsten waren die Gulden aus Gold, neben den „normalen" auch Postulatsgulden, die Graf Rudolf von Diepholz als postulierter Bischof von Utrecht hatte prägen lassen, aus Silber die Schillinge, alte und neue, *alt pfemnden leben pfennige*, das waren fränkische Halbschillinge mit Löwenabbildung im Wert von fünf Pfennigen, Innsbrucker, unter Erzherzog Sigismund dem Münzreichen in Innsbruck geprägte Münzen, Denare oder Pfennige, Schreckenberger, kursächsische Münzen aus Silber, das am Schreckenberg bei Annaberg im Erzgebirge gewonnen wurde, Schneebergerlein, in Schneeberg, ebenfalls im Erzgebirge gelegen, geschlagene Silbermünzen, Matheyser, Goslaer Mathiasgroschen, Echter, sächsische Achtpfennige, und Knacken, Halbgroschen, die in Würzburg vier Pfennige wert waren.

So vielfältig wie die Münzsorten waren auch die Behältnisse, in denen sie im Gewölbe aufbewahrt wurden. Die Behälter kommen uns doch einigermaßen merkwürdig vor. Da lagerten Münzen in *kerniren,* Ledertaschen, *krewßlein,* kleinen Krügen, *pleihen kopffen,* bleiernen halbkugelförmigen Trinkgefäßen, *kepßlein,* kleinen Kapseln, *kandeln,* Kannen, *haffen,* Töpfen, *glaß,* Gläsern, *bappirlein,* Papierumschlägen und *secken,* Säcken.

Angesichts dieses Durcheinanders versuchte der Rat hin und wieder, eine gewisse Ordnung in seine „Münzsammlung" zu bringen und damit einen Überblick über das vorhandene Geld zu bekommen. So beauftragte er mehrere Ratsherren, die Münzen zu sortieren und in Gold(-gulden) umzutauschen. Ein andermal ermittelte eine Ratskommission, was an alten Münzen vorhanden war, um sie *uffs statlichst und beste* loszuwerden und dafür, wenn möglich, Gold zu beschaffen. Dann sollten wiederum Pfennige in Gold verwechselt werden, die Schillinge aber liegen bleiben. Der Rat hatte also reichlich Mühe mit diesem Münzwirrwar. Aber nicht nur der Rat, sondern zum Beispiel auch der Steuerherr Ortolf Groß, der sich mit den zahlreichen Währungen überfordert fühlte und daher 1508 sein Amt mit der ausdrücklichen Begründung niederlegen wollte, er sei krank *und auch der muhe der muntz halben.*

Die Vielfalt der in Umlauf befindlichen Münzen verursachte mancherlei weitere Schwierigkeiten: Man konnte nämlich bei fremden Münzen nicht mit Sicherheit feststellen, ob sie tatsächlich so werthaltig waren, wie ihr eingeprägter Wert vorgab. Handel und Wirtschaft wurden durch das umständliche und fehlerbehaftete Umrechnen der verschiedenen Währungen in die heimische stark behindert. Und nicht zuletzt bot der Geldwirrwar auch Fälschern gute Chancen.

Die Würzburger Fürstbischöfe waren daher seit längerem bemüht, das Eindringen fremder Münzen zu verhindern. Zuletzt war 1480 ein Verbot auswärtiger Münzen ergangen, das aber wenig fruchtete. Fürstbischof Lorenz von Bibra verstärkte nun die Bemühungen und machte seit seinem Amtsantritt 1495 eine energische Münzpolitik zur Abschirmung seines Hochstifts vor dem fremden Geld. Am 1. Mai 1510 bestellte er die Bürgermeister Matthes Hornung und Conrad Ochsner mit vier weiteren Ratsherren in seine Kanzlei. Er hielt ihnen vor, dass er mehr als einmal verfügt habe, keine fremden Münzen mehr anzunehmen. Das sei aber bisher in Würzburg verachtet und nicht gehalten worden, worüber er nicht wenig Verdruss verspüre. Er sehe sich daher gezwungen, mit sofortiger Wirkung erneut ein Gebot zu erlassen, wonach keine anderen als die neuen Münzen und von den alten nur die „hertzog-ottischen Fünferlein" des Herzogs Otto II. von Pfalz-Mosbach, die markgräflichen des Markgraftums Brandenburg-Ansbach und die der Reichsstadt Nürnberg angenommen werden dürfen. Das er das tun werde, wolle er auf seinen Eid nehmen, und die, die sich daran nicht halten, an Leib und Gütern strafen. Aus Gnade erlaube er, einige häufiger verwendete fremde Münzen wie Schreckenberger, Echter und Knacken zu einem festgelegten Umtauschwert übergangsweise bis Lichtmess, dem 2. Februar, anzunehmen. Der Rat beschloss, *dieweyl es unnsers gnedigen herrn meynung sey*, gehorsam zu sein.

Es mag auf den ersten Blick überraschen und uns merkwürdig vorkommen, dass man von der Stadtkasse Geld leihen konnte. Aber anders als heute, da es Sparkassen, Raiffeisenbanken und private Geldhäuser gibt, hatte der Würzburger Bürger Anfang des 16. Jahrhunderts nur die Chance, wenn er in Geldnöten war, von Freunden oder Juden Geld zu leihen. Aber seit dem Progrom von 1349 war die jüdische Gemeinde in Würzburg sehr klein geworden. So vergab der Rat, soweit es seine Kassenlage oder die der von ihm verwalteten Stiftungen und Institutionen wie Kapellenstiftung, Bürgerspital, Seelhaus usw. erlaubten, Darlehen. Dabei blieb der Zinsfuß in den ersten zwei Jahrzehnten des 16. Jahrhunderts stets derselbe, nämlich fünf Prozent per anno. Für die Gewährung der Darlehen verlangte der Rat regelmäßig Sicherheiten, die zum einen in einer *verschreybung*, einer schriftlichen Verpflichtungserklärung, oder einer *gnugsame(n) vergwissung* bestanden, allso in der Gestellung von Sicherheiten, vorzugsweise in der Verpfändung von Immobilienbesitz. Wollte jemand sein Haus verpfänden, das er zu Lehen meist eines Klosters, Stiftes oder der Stadt selbst besaß, bedurfte es dazu des Einverständnisses des Lehensgebers.

Von welchen Kriterien darüber hinaus sich der Rat im Einzelfall bei der Entscheidung über die Gewährung von Darlehen leiten ließ, bleibt im Dunkeln. Feststellen lässt sich lediglich, dass ein Schwerpunkt die Unterstützung des Handwerks, also der Wirtschaft in der Stadt, darstellte.

Neben anderen – die vollständige Aufzählung der Darlehensnehmer würde zu weit führen – lieh der Rat dem Fassmacher Lorenz Wirsing 20 Gulden auf die Dauer von vier Jahren, dem Schneider auf der Mainbrücke Jacob Korner 40 Gulden, zurückzuzahlen ebenfalls in vier Jahren, einem Schlosser 20 Gulden, befristet auf sechs Jahre, dem Schneider beim Stephanstor, Heinz Bickel, 40 Gulden für vier Jahre, allen gegen Verpfändung ihrer Häuser, der Trautenweilerin im St. Katharinenhof in der Katharinengasse einmal 30, später noch einmal 20 Gulden, sie konnte neben ihrem Häuschen noch einen Weingarten als Sicherheit bieten, dem Schreiner Blasius Trob aus dem Mainviertel 20 Gulden, der Müllerin bei St. Affra 100 Gulden gegen Verpfändung ihrer Mühle, die noch die Einwilligung des Lehensherrn vorlegen musste, dem Kärrner Fritz Helbing, der mit seinen Pferdekarren Stückgut transportierte, 20 Gulden, dieselbe Summe seinem Kärrnerkollegen Michael Wirt, dem Schlosser Contz Bickel 20 Gulden und dem Ziegelhersteller zu Sand, Hans Kohl, 200 Gulden gegen die Sicherheiten aus seiner Ziegelhütte, Haus sowie vier Morgen Feld. Nichtbürger kamen nur sehr selten in den Genuss eines städtischen Darlehens: Hieronimus Schwab aus Ochsenfurt war, aus welchen Gründen auch immer, der Glückliche, der leihweise 70 Gulden ergatterte.

Aus heutiger Sicht doch zumindest anrüchig war die Ausreichung von Darlehen des Rates an Ratsherren. Man stelle sich vor, was die

Medien heute darüber berichten würden, vielleicht würde sich sogar die Staatsanwaltschaft dafür interessieren. Johann Steinmetz zum Beispiel erhielt während seiner Amtszeit ausgerechnet als Steuerherr ein Darlehen von 80 Gulden unter der Bedingung, dass er das Einverständnis seiner Kinder beibringen konnte, der Ratsherr Hans Wittstat, Vorstand des Ungeldamtes, ebenfalls 80 Gulden, der Stadtbaumeister Jorg Ganzhorn zweimal Darlehen von je 100 Gulden, Mathes Hornung, im Vorjahr noch Bürgermeister, zur Zeit der Darlehenszusage ebenfalls Vorstand des Ungeldamtes, dieselbe Summe und schließlich der Ratsherr, ehemalige älterer Bürgermeister und Mitglied des Oberrats Hans Kremer 100 Gulden. Er konnte dies allerdings nicht lange genießen, denn 14 Tage danach verstarb er.

Auch Tilman Riemenschneider nutzte, sogar reichlich, die Möglichkeit, zu annehmbaren Bedingungen „öffentliches" Geld aufzunehmen. Das waren Anfang 1512, als er Pfleger der Marienkapelle war, 100 Gulden, ein Jahr darauf, als er Steuerherr (!) und damit Verwalter der Stadtkasse war, weitere 50 Gulden. Eigentlich hatte er um einen Kredit von wiederum 100 Gulden gebeten, musste sich aber mit der Hälfte zufrieden geben, da es einen Mitbewerber um die von einem anderen Darlehensnehmer zurückbezahlte Summe gab, dem dann ebenfalls 50 Gulden zugesprochen wurden. Über diese Summe hinaus war der Rat damals anscheinend nicht „flüssig". Im April 1516 lieh sich Riemenschneider von der Kapellenstiftung 100 Gulden, für die er nicht wie üblich sofort, sondern erst mit siebenmonatiger Verspätung im November dem Kapellenpfleger einen Schuldschein übergab, nachdem es vorher darum einen „Irrtum", einen Streit, gegeben hatte. Schließlich erhielt Riemenschneider mit seiner vierten Ehefrau Margarete Schirmer im Mai 1524, er verwaltete gerade erneut das Kapellenpflegeramt, von der Vikarie des Heilig-Kreuz-Altars im Bürgerspital ein Darlehen von 80 Gulden, wofür er als Sicherheit eine Verschreibung über 100 Gulden verpfänden musste. Leider wird in keinem Fall berichtet, welchen Zwecken die Darlehensaufnahmen dienten. Vielleicht kann man vermuten, dass sie zur Vorfinanzierung von Material wie Steinen und Holz eingesetzt wurden, das er zur Fertigung von in Auftrag gegebenen Kunstwerken benötigte.

Die Ausreichung von Darlehen aus der Stadtkasse an Mitglieder des Rates, meist sogar Amtsträger, war offensichtlich üblich und begegnete keinerlei Bedenken. Einen Anschein der Selbstbedienung befürchtete man nicht. Die Praxis der Bevorzugung von Ratsherren bei der Ausreichung von Darlehen wurde in einem Ratsbeschluss im Dezember 1512, also zu der Zeit, als unser Meister Tilman Riemenschneider Steuerherr war, sogar ausdrücklich bestätigt: *es ist durch mererteyl beschlossen, die funnfzig gulden Clas Schmiden*, dem Ratsherrn Claus Schmidt, *oder einem des rats vor anndern zu leyhenn.* Auch die unteren Chargen gingen nicht leer aus, so konnte sich der Ungeldschreiber Christof Schorre über einen Kredit von 80 Gulden freuen. Dagegen erhielt der Spitalmeister des Bürgerspitals, der für seinen jeweiligen Spitalpfleger die Funktion des Aufsehers und „Betriebsleiters“ vor Ort ausführte, nicht immer glücklichen Bescheid durch den Rat. Im September 1504 hatte er sich beim Rat beklagt, er habe kein Geld, um die Schneide-, Tresche- und Bindearbeiten an den Weinstöcken zu bezahlen und müsse darüber hinaus an die 100 Bedienstete verköstigen. Er bat um ein Darlehen von 100 Gulden, das er natürlich verzinsen werde. Er räumte ein, dass er zwar Wein und Getreide im Gegenwert besäße, wolle dies aber noch eine Zeit lang zurückhalten – wahrscheinlich der besseren Preise zu einem späteren Zeitpunkt wegen. Sein Wunsch wurde ihm dieses Mal erfüllt. Nachdem er in den nächsten Jahren noch mehrmals Kredite von 100 Gulden erhalten hatte, riss dem Rat der Geduldsfaden, als er im Sommer 1509 erneut wegen 60 Gulden vorstellig wurde. Die Ratsherren beschlossen kurz und bündig, *ime das abzuschlagen unnd ime zu sagen, dass er wein oder getreydde verkauff* und dafür Geld erlösen solle.

Das *gewelb* hatte neben der Darlehenskasse noch eine zweite, zwar nicht so häufig genutzte, aber sehr wichtige Funktion: nämlich die eines Bankschließfaches. Man konnte nämlich im Gewölbe sowohl Geld *hinter einen rate legen* als auch wichtige Dokumente sicher deponieren. Ausführlich berichtet das Ratsprotokoll im Jahre 1504, wie die Hinterlegung von Geld vonstatten ging. Konrad von Hutten, bischöflicher Amtmann in Arnstein, brachte in einem Säckchen 1000 (!) Goldgulden. Die gegenseitigen Pflichten des „Verwahrverhältnisses“ waren in einem Brief, den der Rat dem Edelmann aushändigte, niedergelegt. Der Stadtschreiber betont, dass dieses Geschäft nicht in offenem Rat, also in öffentlicher Sitzung, abgewickelt wurde. Offensichtlich war Konrad von Hutten Vertraulichkeit über seine Vermögensverhältnisse, die offensichtlich durchaus nennenswert waren, zugesichert worden, wie das auch heute noch gute Bankübung ist. Der Bürgermeister erledigte dieses Geschäft mit Wissen *viler annderer*, wohl Ratsherren, insbesondere derjenigen, die das Gewölbe aufsperrten. Das dürften die beiden Steuerherren Jorg Reichle und Jakob Espacher gewesen sein. Der Text des Briefes lautete: „Wir, die Bürgermeister und der Rat der Stadt Würzburg, bestätigen und tun öffentlich kund gegenüber jedermann, dass der ehrbare und ehrenstarke Konrad von Hutten 1000 Gulden in Gold zu treuen Händen bei uns hinterlegt hat, geloben und versprechen wir für uns und unsere Nachkommen, ihm und seinen Erben, wenn er das begehrt, zu bewahren und ohne Schwierigkeiten zu machen, wieder zurückzugeben, gegen Rückgabe dieses unseres Briefs und redlicher Quittierung. Zur Beurkundung haben wir das Stadtsiegel auf die Rückseite des Briefs gedrückt. Geschehen und geben ‚quarta post Exaudi anno quarto'" (23. Mai 1504).

Auf dieselbe Weise hinterlegten Caspar von Reinstein, Mitglied einer niederadeligen Familie aus dem Spessart, aus der Ministerialen des Bischofs von Würzburg hervorgingen, einen Brief über 400 Gulden in der Hauptsache nebst Anspruch auf 20 Gulden Zins. Ritter Jorg von Vellberg, aus dem Odenwald stammend, bat um Verwahrung der Kopie eines Vertrags zwischen ihm und dem Ritter Claus Zobel, wohl von Giebelstadt, über eine Summe von 200 Gulden gegen ein Leipgeding, eine lebenslängliche Rente, von 16 Gulden zugunsten Zobels. Die Verschreibung war unterzeichnet von Johann Pfeiffelmann, dem fürstbischöflichen Kanzleischreiber und Sekretär. Die Urkunde kam in eine Schachtel, in der bereits weitere Briefe des Herrn von Vellberg lagen. Die Schachtel wurde dann neu mit den Siegeln der beiden Vertragspartner versehen. Acht Jahre später erschien der Ritter von Vellberg vor dem Rat in Begleitung des fürstbischöflichen Kanzlers Dr. Kilian Munch. Die Herren verlangten nach den Schachteln mit den Briefen. Der Rat weigerte sich aber, die Urkunden auszuhändigen, weil ihn die *testamentari*, die Testamentsvollstrecker des verstorbenen Claus von Zobel ersucht hatten, die Papiere nicht ohne ihr Wissen herauszugeben. Man einigte sich mit Herrn von Vellberg dahingehend, dass der Rat den Testamentsvollstreckern einen Termin benennen solle, an dem die Briefe dem Ritter übergeben würden, und dass sie dabei zugegen und Augenzeugen sein könnten, oder sie würden den Grund mitteilen, warum dies nicht geschehen solle. Der Termin wurde auf *mitwochen nach Mitvasten schirst*, den 24. März, festgesetzt. Da lief dann alles wohl ohne weitere Schwierigkeiten ab. Heintz Truchsess von Wetzhausen hinterlegte Dokumente, die eine Verpflichtung der Stadt Schweinfurt zugunsten des Spitals in Wetzhausen statuierten. Auch der Domherr Peter von Maßbach nutzte die Möglichkeit, einen Brief *von der Geyerin dreyer bruder* zu getreuen Händen des Rats zu verwahren. Auch dieser kam in eine Schachtel ins Gewölbe im Rathaus. Es fällt auf, dass von der Funktion der Stadtkasse als Bankschließfach ausschließlich Adelige Gebrauch machten. Der Grund dafür ist nicht ersichtlich. Denn es gab zu dieser Zeit auch schon eine Oberschicht mit nennenswertem Geldbesitz und Vermögen, aber die wusste wohl ihr Geld auf andere Weise sicher aufzubewahren.

Im Gewölbe herrschte nicht die perfekte Ordnung. Das zeigte sich schon bei der Aufbewahrung der zahllosen Münzsorten. So berichteten die Bürgermeister Hans Heydenfelder und Jorg Spon am 23. August 1508 im Rat, dass man zufälligerweise und vollkommen überraschend in der Lade mit der Aufschrift „S“ den Brief über die Grabenmühle, an der in der Stadt noch offen verlaufenden Kürnach etwa auf der Höhe des heutigen Barbarossaplatzes gelegen, auch Urkunden über die Spitalmühle des Bürgerspitals und die Neumühle an der Pleichach unterhalb des Lindleinsberges gefunden habe. Darin waren insbesondere die Wasserrechte der Mühlen am Bach Kürnach niedergelegt. Beweisurkunden für bestehende Wasserrechte waren wertvolle Dokumente! Dieser Hinweis auf eine Lade mit der Beschriftung „S“ zeigt, dass sich im Gewölbe nicht nur die seltsamen Münzbehältnisse und Schachteln mit Urkunden befanden, sondern auch ein Schrank mit verschiedenen Schubläden stand, die mit Buchstaben gekennzeichnet waren.

Kaum im Amt als Steuerherr packte Tilman Riemenschneider zusammen mit seinem Kollegen Conrad Ochsner ein altbekanntes, sehr leidiges Thema an: Die Steuerfreiheit des Adels und der Geistlichkeit für ihre Grundstücke in der Stadt.

Adelige und Kleriker kauften nämlich seit längerem ganze Höfe, Häuser, Weinberge, Äcker und Wiesen auf, die, solange sie im Eigentum der Bürger standen, steuerpflichtig waren. Dank des Steuerprivilegs der neuen Eigentümer fielen diese Immobilien dann aus der städtischen Grundsteuer heraus und verursachten merkliche Löcher in der Stadtkasse.

Schon im Jahr zuvor war deswegen Tilman Riemenschneider zusammen mit dem Bürgermeister, drei weiteren Ratsherren und dem

Stadtschreiber Martin Cronthal beim hochwürdigen Fürsten und Herrn, Bischof Lorenz, vorstellig geworden. Sie beklagten sich, dass inzwischen etliche weitere Herren vom Adel nach Würzburg gezogen seien, und zum Teil die besten Häuser und Höfe gekauft hätte, aber nicht bereit wären, die bisher auf die Grundstücke entfallenden Steuern zu bezahlen. Das Ratsprotokoll verrät uns sogar die Namen der Steuerverweigerer: nämlich Herr Ludwig von Hutten, Ritter, bischöflicher Rat und Amtmann zu Trimberg, Ritter Jakob von der Kere, Ritter und Domherr Peter von Maßbach, Ritter Hieronimus Schenk, Hans Ruck, genannt vom Wald, der bischöfliche Leibarzt Doctor Johan Megerßheim, der 20 Morgen Weinberge und ein Probstlehen erworben hatte und auch noch Handel mit Getreide, Wein und anderen Gütern trieb, ohne dafür das fällige Ungeld zu bezahlen, Johann Hickerich, ehemaliger bischöflicher Fiscal, Ritter Conrad von Grumbach und Doctor Engelhart Funck, Dekan des Neumünsterstifts.

Der Fürstbischof gab zur Antwort, es sei seine Meinung *gar nit*, dass dieser Personenkreis von der Steuer befreit sein solle, der Rat müsse halt noch einmal von ihnen die Zahlung einfordern. Der Rat entgegnete mutlos, die Geistlichen und Edelleute gäben auf die Steuerherren und den Rat *ganntz nichts,* worauf seine Gnaden versprach, wenn man ihm eine Liste der Ungehorsamen gebe, werde er sich darum kümmern.

Wie es scheint, hat sich aber wie in der Vergangenheit trotz des Versprechens auch früherer Landesherren nicht viel geändert. Denn die erste Amtshandlung der neuen Steuerherren war es ja, wieder einmal mit einem Verzeichnis der Säumigen unter dem Arm mit den beiden Bürgermeistern und dem Stadtschreiber beim gnädigen Herrn zu erscheinen, natürlich, wie es sich gehörte, mit der untertänigen Bitte, gnädig in diesen Sachen zu handeln und zu verfügen, dass die Steuer auch für solche Objekte weiterhin gegeben werde. Zum Ergebnis der Vorsprache kann nur vermerkt werden: Siehe oben!

Nach Beendigung seiner Amtszeit als Steuerherr, als er schon seit November 1514 Mitglied des Oberrates war, zeigte dieses Amt noch in zwei Fällen unschöne Nachwirkungen: Für die erste Aufregung sorgte, wieder einmal, der gnädige Herr und Fürstbischof Lorenz. Er bestellte die Bürgermeister im März 1515 zu sich und warf ihnen vor, die Stadt sei mit der Erstellung der Jahressteuerrechnung im Verzug. Außerdem würde der Rat zwei Rechnungsjahre in eines *flicken* und ginge mit der Rechnung um, wie er gerade wolle. Die Ratsherren würden nur nach ihrem Wohlgefallen Steuern zahlen, der arme Mann werde zur Kasse gebeten und sie nicht. Damit sei jetzt Schluss. Schließlich betonte der Bischof noch im Beisein des Domdekans Thomas von Stein, der Rat solle sich nur kurz Zeit lassen, die Steuerrechnung aufzustellen und ihm seinen Anteil auszuzahlen. Diese Vorhaltungen waren, jedenfalls was den Zeitpunkt der Rechnungslegung angeht, nicht berechtigt. Denn seit Jahren wurden die Rechnungen eines abgelaufenen Steuerjahres, ohne dass das von der Herrschaft beanstandet worden wäre, immer erst im Februar oder März des übernächsten Jahres vorgelegt. Doch die Drohungen der Obrigkeit, mögen sie berechtigt gewesen sein oder nicht, taten ihre Wirkung. Bereits zwei Tage später stellten die Steuerherren Ott Gertner, Tilman Riemenschneider und Jörg Moring dem Rat ihre Aufstellung *alles irs einnemens und außgebens* in öffentlicher Sitzung vor, wie es von alters her Brauch war, und erhielten dafür die Zustimmung von Bürgermeistern, Rat und Viertelmeistern.

Ähnliche Vorwürfe hatte sich der Rat schon einige Jahre vorher, im anno 1504 anhören müssen. Schon damals hatte sich der Fürstbischof massiv über die Praxis der Steuererhebung durch die Stadt beschwert. Die Summe, die er erhielt, sei viel zu gering, und zwar deswegen, weil der Rat und die Steuerherren keinen Fleiß anwendeten. Die vorgelegte Steuerrechnung sei auch falsch, denn manche müssten nur einen halben Gulden geben, andere zwei oder drei, andere wiederum würden oft nicht einmal die Hälfte oder kaum den dritten Teil geben. Bisher seien seinen Gnaden wie seinen Vorgängern jährlich 600 bis 700 Gulden an Steueranteilen zugeflossen. Kleinere Städte lieferten größere Beträge ab, sogar Dörfer, zum Beispiel das Dorf Leinach, heute Landkreis Würzburg, das erbringe jährlich 300 Gulden. Kurzum, er wolle 700 Gulden jährlich haben. Die Abgesandten des Rates baten ihn, Ungnade und Unwillen abzustellen. Grund für die Verzögerungen seien der Tod des Steuerschreibers und eine große Teuerung gewesen, viele Güter seien aus der Steuer gefallen, weil sie von Geistlichen oder Orden angekauft wurden. Außerdem wollten sehr viele seiner Gnaden Diener überhaupt von jeglichen Abgaben freigestellt sein. Die Ratsherren versprachen aber, künftig wieder zu rechter Zeit, nämlich zu Martini, die Steuerrechnungen zu erstellen.

Die Ratsabgeordneten dürften von der Reaktion des Bischofs ziemlich überrascht gewesen sein. Viele Vorstöße wegen der Besteuerung geistlicher, ehemals bürgerlicher Liegenschaften waren bisher erfolglos geblieben und sollten es auch später noch sein. Aber dieses Mal entschied seine Gnaden, dass jeder Hof und jedes Haus, das bisher steuerpflichtig war, dies auch weiterhin sein solle, auch wenn es von der Geistlichkeit erworben wurde. Und was seine Diener angehe, so gebe er ihnen ihren Lohn, was nichts anderes hieß, als dass sie sich auch die üblichen Abgaben leisten könnten. Die Ratsherren erinnerten den Bischof noch daran, dass einmal ein entsprechendes Gebot wegen der Steuer erlassen worden sei und baten, das nochmals zu veröffentlichen. Der Rat wolle sich nach allem Gefallen seiner Gnaden halten, *uff das an inen kein mangel oder unfleiß soll gespurt werden hinfur.* Die Gehorsamkeit des Rates hatte dann Gott-sei-Dank den hohen Herrn *gesennfftmutigt,* so dass der Rat sich sehr *danckbarlich* erzeigte, weil er solch gnädige Entscheidung erlangen konnte.

Ein zweiter Fall, mit dem der ehemalige Steuerherr Riemenschneider nach seiner Amtszeit zu tun hatte, war eine ernsthafte Ehrensache. Riemenschneider musste sich ja nicht vorwerfen lassen, das Steueramt nicht gewissenhaft ausgeübt zu haben. Aber genau dies führte zu einem ziemlich unangenehmen Vorfall. Ihm war nämlich während seiner Amtszeit zu Ohren gekommen, dass ein gewisser Stefan Dietmar, von Beruf Maler und damit sein Zunftkollege, im Lauf des Jahres ein Haus erworben hatte. Seinen Pflichten nach als Steuerherr hatte Riemenschneider ihn aufgefordert, im kommenden Jahr stärker „in seine Tasche zu greifen“, also eine höhere Grundsteuer zu zahlen. Dietmar war nun kein einfacher „Kunde“, sondern ein aufbrausender Mann und Unruhestifter. So fing er einige Jahre später in der Ratsschänke Streit mit dem Ratsherrn Jorg Spon an. Der Rat verhängte zunächst gegen ihn ein Hausverbot, hob es allerdings wieder auf, als Dietmar sich entschuldigte. Eine besonders unheilvolle Rolle spielte er schließlich in den Wirren des Bauernkrieges. Als der Rat sich noch unschlüssig war, ob er auf die Seite der aufständischen Bauern wechseln sollte, begab sich Dietmar zusammen mit dem berüchtigten Hans Bermeter in das vor den Toren Würzburgs in Heidingsfeld lagernde Bauernheer und hetzte gegen den Rat. Der hielte es mit den Pfaffen, wolle sich nicht der gerechten Sache der Bauern anschließen und ihnen nicht die Stadttore öffnen.[78]

Zurück in das Jahr 1505: Etwa zwei Wochen vor dem Weihnachsfest hatte Tilman Riemenschneider seinen Dämmerschoppen im Grünbaum genossen und wollte gerade nach Hause gehen. Da verstellte ihm Dietmar den Weg, griff ihn wegen seiner damaligen Aufforderung, für das erworbene Haus Steuern zu zahlen, an und nannte ihn einen Verräter und Angeber. Wie aus einigen anderen Einträgen in den Ratsprotokollen zu ersehen ist, war Verräter eine ziemlich derbe Beleidigung, eine richtige Ehrabschneidung, die keiner so einfach hinnahm. So auch nicht Riemenschneider. Er brachte die Angelegenheit vor den Rat, beklagte sich über die Unverschämtheiten des Stefan Dietmar und bat, ihm guten Rat zu geben. Der Rat beschloss mehrheitlich, nicht einstimmig, was doch etwas verwundert, aber er beschloss, dass die Bürgermeister Meister Til zu seinen fürstlichen Gnaden begleiten sollten, wo er allerdings selbst (!) seine Klage vorbringen sollte.

Zuerst aber hörte sich der Rat Anfang des neuen Jahres die beiden Kontrahenten an. Wie nicht anders zu erwarten war, bestritt Dietmar rundweg die Anschuldigungen. Umgekehrt schulde ihm Riemenschneider „Brief und Siegel", also Geld, das verbürgt war, was dieser bis jetzt nicht gehalten habe. Riemenschneider protestierte umgehend gegen diese Behauptung und forderte vom Rat, Dietmar nicht so einfach davonkommen zu lassen.

Der Rat verhörte zunächst zwei Zeugen des Vorfalls. Der eine, Claus Günther, sagte aus, er habe gehört, dass sich die beiden mit Worten gestritten hätten. Til habe gesagt, was er getan habe, dazu sei er von Amts wegen verpflichtet und dem Bischof schuldig gewesen. Darauf habe Dietmar Til als verlogenen Mann beschimpft und mit dem Büttel gedroht, das heißt, ihn vor das Brückengericht, bei dem Schuldenklagen anhängig gemacht wurden, zu ziehen. Von einem Verräter habe er aber nichts gehört. Nach dem Wortwechsel seien beide Parteien auseinander gegangen. Der zweite Zeuge, Jobst Kommeter, behauptete, selbst nichts gehört zu haben, er wisse nur das, was ihm Günther erzählt habe. Mit diesem Eintrag endet leider das Ratsprotokoll, wir wissen also nicht, wie die Sache letztlich ausging, ob man wirklich zum Bischof ging oder alles auf sich beruhen ließ. Mit einem heutigen Sprichwort wird man feststellen können: Die Sache ging aus wie das „Hornberger Schießen".[79]

Damit konnte Tilman Riemenschneider endgültig das Kapitel „Steuerherr" beenden und sich den neuen, ihm aber nicht mehr fremden Aufgaben als Mitglied des Oberrats widmen.

Nach einem Jahr Sitzungstätigkeit von November 1514 bis November 1515 im Oberrat, über das nichts Nennenswertes zu berichten ist, brachte das Jahr 1516 Tilman Riemenschneider eine sicherlich willkommene Auszeit und Erholungspause. Denn sein Bildhauer- und Schnitzer „betrieb" musste auch dann, wenn er die kommunalpolitischen Ehrenämter wahrnahm, weiterlaufen. Es war eine große Werkstatt und ein nicht gerade kleiner Haushalt mit Frau, acht Kindern und mehreren Gesellen, die ja auch in des Meisters Haus wohnten und verköstigt wurden. Interessant wäre es zu ergründen, ob in dieser von Ratsämtern freien Zeit überdurchschnittlich viele Kunstwerke in Auftrag genommen, fertiggestellt wurden oder die alleinige Handschrift des Meisters tragen und nur wenige, untergeordnete Teilarbeiten von den Gesellen stammen.

Der Schossmeister

Das so wichtige Amt für die Wehrhaftigkeit der Stadt, in das Tilman Riemenschneider am 12. November 1516 gewählt wurde, war von der zeitlichen Beanspruchung her nicht mit dem eines Baumeisters oder Steuerherrn vergleichbar. Außerdem hatte Meister Til das Glück, mit Hans Franck, von Beruf Kürschner, nicht nur einen Handwerkskollegen, sondern auch einen Schossmeisterkollegen vorzufinden, der mehr als jeder andere Ratsherr über langjährige Erfahrungen in diesem Amt verfügte. Hans Franck bekleidete das Amt des Schossmeisters in ständiger Folge seit 1506, nur zweimal um je ein Jahr unterbrochen. Auf seine Erfahrungen konnte sich also der „Neuling" Tilman Riemenschneider vertrauensvoll stützen. Aber auch der Neue verfügte über Vorkenntnisse: 1504 hatte er für den Lohn von zwei Gulden eine Form für eine Schlangenbüchse gefertigt. Die fand solchen Gefallen beim Rat, dass er von der Form eine ganze Reihe von Büchsen gießen ließ. Und im Vorjahr hatte Meister Til bei der Durchführung eines Schießwettbewerbs eine wichtige Rolle inne. Er war nämlich vom Rat *gewelett* worden *zum zile.* Seine Aufgabe bestand darin festzuhalten, wer wie oft welche Treffer erzielt hatte. Unbestechlich und unparteiisch zu sein, war die Voraussetzung, eine solche Aufgabe zu aller Zufriedenheit zu erfüllen.

Die beiden Schossmeister, manchmal auch als Schießmeister bezeichnet, waren für das ganze Wehrwesen der Stadt verantwortlich. Alle Vierteljahre hatten sie in einer Begehung die Stadt zu inspizieren und *vleyssig achtung uffs geschoß und letze* zu haben. Die Letze waren die halbrunden, aus der Stadtmauer herausragenden Türme, auf denen Geschütze aufgestellt werden konnten. Reste kann man heute noch in der Tiepolostraße und im Zwinger sehen. Geschoss bezeichnete die städtischen Waffen wie Pleiden, Feldschlangen, leichte Kanonen mit langen Rohren, und Falkonettlein, kleinere Schlangengeschütze, auch Bockbüchsen genannt, weil sie in einem Bockgestell gelagert waren. Hauptsächlich vorhanden aber waren Spieße und Hellebarden, Armbrüste und Handfeuerwaffen sowie Hakenbüchsen. Deren Anzahl und Zustand war zu überprüfen und in einem Inventar zu verzeichnen, das dem Rat jährlich vorgelegt werden musste. Für ihren Erhalt und, wenn nötig, für Ersatzbeschaffung war zu sorgen. Auch um ausreichenden Vorrat an Pulver, Blei, Stein- und Eisenkugeln, die typisch fränkisch wohl „Klöß" genannt wurden, kümmerten sich die Schossmeister. Die städtischen Waffen waren im „Büchsenhaus" verwahrt, dessen Standort heute leider unbekannt ist.

Die Schossmeister waren gemeinsam die Vorgesetzten aller Schützen in der Stadt. Die noch heute existierende „königlich privilegierte Hauptschützengesellschaft von 1392" (Schützenhof!) führt mit Stolz in ihrer Festschrift zur 600-Jahrfeier Tilman Riemenschneider als einen ihrer früheren Schützenmeister auf.

Die Schützen waren in die Gesellschaften der Armbrust- und der Büchsenschützen unterteilt. Jede von ihnen hatte eine eigene Schützenordnung, einen eigenen Schützenmeister und verfügte über einen eigenen Schießstand. Die Armbrustschützen vor dem Sander, die Büchsenschützen vor dem Rennweger Tor.

Über die genaue Mitgliederzahl der beiden Gruppen zur Zeit Tilman Riemenschneiders gibt es keine Nachricht. Aus dem Ratsprotokoll über die Zeit von vor wenigen Jahrzehnten davor erfahren wir allerdings, dass es 21 Armbrustschützen in Würzburg gegeben hat. Und im August 1505 notiert der Stadtschreiber die Namen von 33 Büchsenschützen, weil sie Kappen angenommen hatten und zusagten, sich ihrer Schützenordnung gemäß zu verhalten, und Pulver und Blei erhielten. Beide Schützengesellschaften konkurrierten miteinander um Bedeutung, Ansehen und Wertschätzung durch den Rat. Die Armbrust war eine gefährliche und gefürchtete Waffe, wurde aber nach und nach von den Feuerwaffen verdrängt.

Der Rat war im Hinblick auf die Wehrhaftigkeit der Stadt auf das militärische Können beider Gruppen angewiesen. Er hatte großes Interesse daran, dass sich die Schützen ständig im Umgang mit ihren Waffen übten, denn es war einiges an Technik und Finesse erforderlich, um Armbrust und Büchsen sicher und erfolgreich zu bedienen.

Armbrust- und Büchsenschützen wetteiferten auch um den Vorrang in der bürgerlichen Stellung. Der Rat zeigte seine Wertschätzung durch anerkennende Geschenke wie Kappen, Tuch für Hosen oder schon fertige Hosen und Geldbeträge für Röcke. Dabei achteten die Schützen eifersüchtig darauf, dass sie im Vergleich zur jeweils anderen Gruppe nicht benachteiligt wurden. Der Rat musste sich oft mit diesem Thema befassen, und es lässt sich nicht der Eindruck vermeiden, dass die Büchsenschützen doch etwas mehr in seiner Gunst standen, denn sie führten ja die moderneren und wirkungsvolleren Waffen. Das steigerte sich noch, als die Luntenschlösser durch die Steinfeuerschlösser abgelöst wurden.

Interessant ist auch, dass die Ratsprotokolle von Jungbüchsenschützen, auch Büchsengesellen genannt, berichten. Die sollen Pulver und Blei wie die alten bekommen, aber keine Kappen. Dafür bekommen sie aber jeden Sonntag ein Trinkgeld. Auch die Armbrustschützen sorgten mit ihren Gesellenmannschaften für Nachwuchs.

Ein willkommener Anlass, die Schießkünste unter Beweis zu stellen, war die Teilnahme an Wettschießen. Jedes Jahr in den Sommermonaten flatterten sogenannte Schießbriefe ins Haus. Das waren Einladungen, an auswärtigen Preisschießen teilzunehmen. Neben der Einladung zum Mitmachen wurde mitgeteilt, wie die Bedingungen des Schießens waren, die Schießbahn aussah und welche Preise es zu gewinnen gab. Einen genauen Einblick in eine Schießordnung für ein Preisschießen in Würzburg gewährt uns das Ratsprotokoll vom 8. Juni 1514: Die Schützen sollten am Abend des Vortages eintreffen und sich am nächsten Tag morgens um 11 Uhr am Schießstand einfinden. Dann sollte auch gleich das Schießen beginnen. Jeder hatte in der Reihenfolge zu schießen, wie es das Los bestimmte. Und niemand sollte sich noch einmal hintenanstellen, es sei denn, dass aus einem oder mehreren Orten kein Schütze vertreten war, dann durfte man sich noch einmal, aber nicht öfter, einreihen. Jeder Schütze musste außerhalb des Schießstandes *einräumen,* und nicht darin. Einräumen bezeichnet wohl die Vorbereitung der Waffe zur Schussabgabe. Die Armbrüste mussten für jeden Schuss neu mit einer Winde gespannt, die Büchsen jedesmal mit Pulver und Blei gefüllt werden. Wenn aber die Waffe im Schießstand Probleme machte, sollte der Schütze heraustreten und außerhalb des Standes die Fehler beheben. Inzwischen musste er andere Schützen schießen lassen, sonst hatte man das Recht auf seinen Schuss verloren. Auch über die Zusammensetzung des Schießgerichts und die Rollen des Schießbahnpersonals wurde informiert: Der Zeiger deutete mit einem Stock auf der Zielscheibe dorthin, wo der Armbrustbolzen oder die Kugel eingeschlagen hatte, damit der Schütze, der oft in einem Abstand von etwa 80 Schritt schoss, seinen nächsten Schuss daran ausrichten konnte. Die Zieler hielten die erfolgreichen Schützen und die von ihnen erzielten Treffer fest. Der Schirmer war für die Sicherheit am Schießstand zuständig, er schirmte die Zuschauer von den Schützen ab. Der Schreiber notierte die Ergebnisse, andere sammelten die Bolzen wieder ein. Gab es Streit über die Schießergebnisse, entschied ein vornehm besetztes Schiedsgericht.[80]

Oftmals war bei den Wettschießen als erster Preis das sogenannte *lanndcleynat,* das Landkleinod, ausgelobt. Hierbei handelte es sich um eine silberne Tartsche, eine besondere Schildform, mit anhängender Miniaturbüchse. Da immer von *dem* lanndcleynat die Rede ist, kann man vermuten, dass es sich um einen Wanderpreis handelte. Es wurde aber auch um andere Preise wie zum Beispiel ein „Kränzlein“, das dem Sieger zur Ehre aufgesetzt wurde, oder sogar um Tiere geschossen.

Wenn die Würzburger Schützen einer solchen Schießeinladung folgen wollten, mussten sie beim Rat um Erlaubnis anfragen. Gleichzeitig gingen sie die Herren um eine finanzielle Unterstützung für den Ausflug an. Der Rat war nicht immer begeistert und nicht immer bereit, dafür ins Stadtsäckel zu greifen. Allerdings ist keine klare Linie des Rates bei der Frage: Genehmigung und Zuschuss für solche Unternehmungen oder nicht zu erkennen. Auf jeden Fall war immer anzugeben, *wer und wievil person ziehen wollen.* Wenn es als Preis „nur“ ein Siegerkränzlein gab, zeigte sich der Rat meist abweisend und hielt die Geldtruhe verschlossen. Manchmal war er zwar mit der

Teilnahme einverstanden, Zuschuss aber gab es nicht. Ausdrücklich begründete er es damit, dass es nicht um das Landkleinod ging. So widerfuhr es den Schützen, als sie zum Beispiel nach Iphofen, Nürnberg, Gerolzhofen, Ochsenfurt, Nordheim am Main ziehen wollten. Der Rat war der Meinung, wenn aber einer oder mehrere trotzdem teilnehmen wollten, so sollten sie es *uff ir kost unnd abenthewr* tun. Genauso viel, besser gesagt nichts gab es für die Teilnahme an Schießwettbewerben in Schleusingen im Thüringer Land, in Landshut und Straubing. Der Rat machte dabei auch keinen Unterschied zwischen Armbrust- und Büchsenschützen, und für den Stadtschreiber war die Sachlage so klar, dass er nicht einmal notierte, welche Schützengruppe sich beworben hatte.

Galt es aber, das Landkleinod als Preis zu erringen, gab es bei der Bewilligung der Reise und der finanziellen Unterstützung in der Regel keine Schwierigkeiten. Nach Neustadt am Main und nach Gerolzhofen durften je vier Büchsenschützen ziehen, jeder erhielt 1 ½ Gulden Zehrgeld. Später durften die Wettschießen in den beiden Orten sogar ohne zahlenmäßige Beschränkung besucht werden. Dasselbe gewährte man den Armbrustschützen für eine Fahrt nach Königshofen im Grabfeld, den Handbüchsenschützen nach Eibelstadt, den Büchsenschützen nach Wertheim und den Armbrustschützen nach Römhild in der Grafschaft Henneberg im Thüringer Land. Als die Armbrustschützen in Würzburg ein Gesellenschießen veranstalten wollten und sich darauf beriefen, dass das den Büchsenschützen bereits einmal genehmigt worden sei, beschloss der Rat, ihnen nichts zu geben, es sei denn, sie zögen hinaus und würden das Landkleinod gewinnen, dann sollten auch sie belohnt werden. Es bildete sich die Übung heraus, den Besuch näher gelegener Städte und Ortschaften regelmäßig mit 1 ½ Gulden zu bezuschussen. Die Büchsenschützen zogen aber einmal gleich mit 17 Mann „hoch“ nach Volkach, da gab es dann halt nur einen halben Gulden pro Kopf. Für weiter entfernte Schießveranstaltungen wie in Römhild machte der Rat für *sovil ir zihen werden,* immerhin eine unbegrenzte Anzahl, 2 ½ Gulden, für die Teilnahme in Meiningen zwei Gulden locker. Die Städte im heutigen Thüringen waren wegen ihrer Büchsen„industrie“ beliebte Ziele, man konnte sich dort während der Schießtage über noch nicht bekannte Schießtechniken und vor allem den neuesten Stand der Waffenentwicklung informieren.

Die Büchsenschießgesellen wünschten sich einmal einen Hammel, den sie als Preis aussetzen wollten. Sie bekamen ihn. Manchmal spendierte der Würzburger Rat den Schützen als Siegesprämien für die heimischen Wettbewerbe Böcke, und zwar *verdeckte*: Der Bock wurde mit einem bemalten Tuch, einer Decke, aus rotem Leinen geschmückt, man hört auch davon, dass seine Hörner goldfarbig bemalt waren. Für ein Gesellenbüchsenschießen im Sommer 1513 stiftete der Rat sogar einen verdeckten lebendigen Ochsen, 10 Gulden wert. Die Armbrustschützen wurden beim Rat vorstellig und teilten den Herren mit, dass sie im Vorjahr in Heidingsfeld einen Bock gewonnen hätten. Sie wollten nun ihrerseits ein solches Schießen hier in Würzburg veranstalten. Da sie aber *arme gesellen weren,* baten sie, ihnen eine Siegesprämie zu spenden. Wie der Rat allerdings darauf reagierte, damit hatten die Schützenbrüder bestimmt nicht gerechnet. Der Rat kaufte ihnen nämlich den in Heidingsfeld gewonnenen Bock, der also offensichtlich noch nicht verspeist war, ab, ließ ihn mit einer Decke schmücken und schenkte ihn den Schützen zurück, um ihn als Siegespreis auszusetzen. Damit hatten sie zwar die gewünschte Siegesprämie, aber der Braten war dahin. Sie bekamen jedoch *wie vor altter herkomen* Wein, Käse und Brot. Ob das ein adäquater Ersatz für den Hammel- oder Ziegenbraten war?

Schießwettbewerbe waren Höhepunkte im Verlauf eines Jahres, vergleichbar mit den heutigen Volksfesten wie Kiliani jedes Jahr im Juli in Würzburg. Um viele Besucher anzuziehen und damit Geld einzunehmen, wurden Lotterien, Kegelspiele und andere Vergnügungen veranstaltet. Auf dem Festgelände stellte man Zelte und Buden auf, es wurde (viel) getrunken, über Waffen gefachsimpelt, gerauft, das eine oder andere Geschäft angebahnt und sich für das nächste Schützenfest verabredet.

Wie die Vorbereitungen für ein – mehrtägiges – Wettschießen aussahen, überliefert uns der Stadtschreiber Martin Cronthal in seinem Protokolleintrag vom 20. Juli 1508:

Das Schießen sollte am Sonntag nach Maria Magdalena, am 23. Juli, auf der Wiese vor dem Hof des Herrn Jacob von Bibra im Mainviertel stattfinden. Je drei Schützen sollten ein Viertel Wein und dazu *zimlich keß und brot* bekommen. Die beiden Stubenmeister, also die Ratsherren, die derzeit für die Ratsschänke im Grünbaum verantwortlich waren, sollten *kuchenmeister* sein. Sie hatten für die Bewirtung und Verköstigung der Teilnehmer an diesen Tagen zu sorgen. Die Ratsherren Johann Steinmetz und Kilian Fornlin, im „Hauptamt“ Marienkapellenpfleger und Pfleger des Ewigen Lichts im Dom, wurden als Schirmer und Zeiger eingesetzt. Zwei weitere Ratsherren, der Stadtbaumeister Paul Gothart und Claus Schmidt, der Schossmeister, erhielten den Auftrag, *auch dobey zu sein* und überall mitzuhelfen, zusammen mit den beiden Bürgermeistern Georg Ganzhorn und Johann Weyer und dem Stadtschreiber Martin Cronthal. Essen und Trinken sollten gegeben, auch zwei Zelte aufgeschlagen werden. Die Schützen durften *zwenn stennd,* wohl Verkaufsstände, aufstellen, um die „Vereinskasse“ aufzubessern. Und schließlich sollte auch Kirche im Hof des Herrn Jacob von Bibra gehalten werden, das Fest begann ja am Sonntag und der Gottesdienst war sicherlich der offizielle Beginn der Veranstaltung.

Das Preisschießen dauerte dann von Sonntag Mittag bis Mittwoch Abend um 6 Uhr. Neben dem Schießwettbewerb bot man Belustigungen beim Kugel-, das heisst Kegelspiel, und Würfeln an, als Preise gab es Zinnkannen, Leinen- und Hosentuch zu gewinnen. *Unnd wes es kost hat, findt man alles eygenntlich in der stewr,* der Steuerstube, *verzeichennt unnd auffgeschriben unnd hat ein rate 10 gulden im vorauß gegeben.* Die Rechnung weist Ausgaben für Kost und Zehrung in Höhe von 350 Pfund und 10 ½ Pfennigen aus, bei Einnahmen aus den Spielen von 62 Pfund.

Das Eifern der beiden Schützengruppen um Anerkennung und Wertschätzung durch den Rat beschäftigte die Ratsherren in zahlreichen Sitzungen. Immer ging es, abgesehen von den Spesen für die Teilnahme an auswärtigen Schießwettbewerben, um die Belohnung mit Kappen oder mit Tuch für Hosen. Traditionell bekamen die Büchsenschützen Hosentuch oder gar fertige Hosen, die Armbrustschützen wurden regelmäßig mit Kappen „abgespeist“. Der Rat begründete dies einmal ausdrücklich mit dem *alten herkomen* und wies noch darauf hin, dass die Büchsenschützen an vielen Wettbewerben teilnähmen und die Armbrustschützen „gar nichts“. Diese Feststellung erscheint allerdings im Hinblick auf die in den Ratsprotokollen doch häufiger verzeichneten Teilnahmen der Armbrustschützen an Schießwettbewerben etwas übertrieben. Jedenfalls beschwerten sich die „Armbrustler“ permanent über die Ungleichbehandlung, aber jedes Jahr ohne Erfolg. Sie bekamen einfach *nur kappen.*

Den Büchsenschützen andererseits spendierte der Rat einmal sogar 22 Ellen Tuch, allerdings mit der besonderen Auflage, jeden Sonntag jeweils eine Elle als Preis bei ihren internen Wettbewerben auszuloben. Die Gewinner waren zu verpflichten, daraus Hosen zu machen, und wer das nicht tat, dessen Schießzeug solle einbehalten und der Schütze außerdem bestraft werden. Ein anderes Mal bewilligte ihnen der Rat Tuch zu 22 Paar Hosen mit der Bemerkung, *so sie sich recht gesellig und freuntlich halten, wollte sich ein rate auch geburlich halten*. Kurz darauf beschränkte der Rat, aus welchem Grund auch immer, seine Zusage auf wiederum 22 Ellen Tuch, und bemerkte, wenn sie nicht damit zufrieden seien, bekämen sie nur Kappen. Ob damit wirklich so viele Paar Hosen herzustellen waren, erscheint zumindest fraglich, denn 22 Ellen nach Würzburger Maß waren nur 12,98 Meter. Wie „breit" das Tuch damals üblicherweise „lag", wissen wir nicht.

Wenn man nach dem tieferen Sinn der Tuch- und Kappenspendieraktionen sucht, so wird man wohl vermuten dürfen können, dass dem Rat an einem möglichst einheitlichen Erscheinungsbild seiner Schützen gelegen war. Wir können von der Einführung einer ersten Art Uniform sprechen. Schon 1504 hatte der Rat, als Lorenz von Bibra Stadtsöldner für einen Kriegszug anforderte, festgelegt, dass die Stadtviertel für ihre Leute rotes und gelbes Tuch zu kaufen hatten, für jeden Mann drei Ellen. Die Soldaten hatten sich damit *in halb rott und halb gelb, der stat farb* (!) zu kleiden, *die roten farb uff rechten seythen*. Dieser Protokolleintrag ist übrigens der erste Beleg für Rot und Gelb (Gold) als Farben der Stadt Würzburg. Sie sind es bis heute geblieben.

Der Streit um die Gleichbehandlung der beiden Schützenmannschaften bei der Vergabe der „Uniformteile" wurde auf die Spitze getrieben: Es war ein Schießbrief aus Schweinfurt eingegangen, der Rat zeigte großes Interesse daran, dass die Armbrustschützen mit einer Abordnung dort vertreten waren. In einer Versammlung beschlossen diese jedoch in ihrer Verärgerung über die Bevorzugung der Büchsenschützen, dass kein einziger von ihnen nach Schweinfurt gehen werde. Und das hielten sie auch durch, bis auf einen, der sich nicht verweigern konnte, weil er ein Ratsdiener war. Der zog mit seinem Schützenbruder Matthes Hornung dem Jungen dorthin. Der Rat belohnte jeden mit einem Gulden Zehrgeld *unangesehenn der anndern schutzen ungehorsam*. Freunde unter ihren Schützengenossen werden sich die beiden damit nicht gemacht haben.

Als sich das „Spiel“ bald darauf wiederholte, ließ sich der Rat das trotzige Verhalten der Armbrustschützen nicht mehr gefallen. Es ging um ein Preisschießen um das Landkleinod in Hildburghausen in Thüringen. Der Rat brachte die Weigerung der Schützen kurzerhand vor den gnädigen Herrn. Der Bichof entschied, wie nicht anders zu erwarten war: Die Armbrustschützen haben zu folgen und zu ziehen. Der Rat bestellte den Schießmeister Hans Schwarz und den Schützen Hans Roll ins Rathaus und teilte ihnen die Entscheidung des Landesherrn mit. Die aber blieben weiterhin bockig und erklärten den Ratsherren, es werde sich keiner von ihnen auf den Weg machen, es sei denn, man halte sie gleich mit den Büchsenschützen und gebe ihnen Hosentuch. Der Rat machte den Vergleichsvorschlag, dies in einem Jahr zu tun, sie sollten dieses Mal noch die Kappen nehmen. Die Schützen lehnten wieder ab. Und der Rat knickte ein: Er versprach, ihnen von August bis September jeden Sonntag eine Elle Tuch zu geben und sie künftig mit den Büchsenschützen gleich zu stellen. Sie sollten nun aber willig sein und zum Schießen reisen. Nachdem der Rat in seiner nächsten Sitzung auch noch ein Handgeld von einem halben Gulden zugesagt hatte und darüber hinaus bereit war, der Gruppe zwölf Ellen *lundisch* Tuch, einen Londoner Wollstoff, darum zu schießen, zukommen zu lassen, *dann sie haben sunst nicht ziehenn wollen,* hatten sie für den Moment ihr Ziel erreicht und machten sich auf den Weg.

Und dann Ende des Jahres 1513 glaubten sich die Armbrustschützen endgültig am Ziel. Dem Rat war das Thema offensichtlich leid geworden und er beschloss in seiner Sitzung am 15. November, die beiden Streitparteien endgültig gleich zu behandeln. Aber die Gleichbehandlung sah etwas anders aus, als es sich die Schützen vorgestellt hatten. Der Rat beschloss nämlich, jeder *partei* elf Ellen Tuch zu geben, worum sie schießen und daraus Kappen machen sollten. Hosentuch gab es für beide nicht.

Und diese Praxis änderte sich auch nicht in der Amtszeit Tilman Riemenschneiders. Zwar versuchten die Büchsenschützen unter Führung ihrer Schießmeister Kilian Thurner und Heinz Krauß nochmals ihr Glück beim neuen Schossmeister, weil sie vielleicht hofften, der „Neue“ wäre am Anfang seiner Dienstzeit noch willfähriger. Sie sahen sich aber getäuscht, denn auch Tilman Riemenschneider hielt sich an die beschlossene Übung, und sie bekamen nur *lind* Tuch für Kappen, und keine Hosen.

Exkurs: Die Reyß

Armbrust-und Büchsenschützen bildeten zusammen mit den wehrhaften Männern unter den Bürgern die Verteidigungsmacht der Stadt gegen Bedrängnisse von außen wie Angriffe oder Belagerungen.

Die reinen Verteidigungsaufgaben waren im Lauf der Zeit immer unbedeutender geworden im Vergleich zu den zahlreichen Anforderungen des Landesherrn, Mannschaften für Kriegszüge zu stellen. Wenn es galt, in eine Reyß zu ziehen, das hieß, an einem Kriegszug teilzunehmen, dann lag das nicht mehr im Aufgabenbereich des Schossmeisters. Für derartige Unternehmungen wählte und ernannte der Rat eigens Feldhauptleute.

Am 12. September 1504 forderte der Bischof die Stadt auf, ihm 50 Mann für eine Reyß bereitzustellen. Jeder musste mit einem „Krebs", einem Brustharnisch aus Platten, einem „Goller", einem Halsstück an der Rüstung, ausgerüstet sein, eine Hellebarde oder einen langen Spieß oder eine Büchse haben, und dazu einen langen Degen oder ein langes Messer.

Als Bezahlung wurden fünf Gulden monatlich festgelegt, die Trommler erhielten wie die Fahnenträger und der Reyßschreiber doppelten Sold, die zum Tross gehörenden Knechte einfachen. Der Rat griff bei der Bezahlung zu einem kleinen Trick. Er schickte nämlich anstelle der geforderten 50 nur 44 Mann und finanzierte durch die personelle Ersparnis von sechs Mann die doppelten Entlohnungen und hatte trotzdem formell immer noch 50 Mann *im solde*.

Das Soldgeld, Reyßgeld genannt, übergab der Rat einem der Hauptleute des Bischofs mit der Maßgabe, jeweils den erforderlichen Betrag dem städtischen Reyßschreiber zur Auszahlung an die städtischen Söldner auszuhändigen. Der Reyßschreiber hatte nach Rückkehr dem Rate über seine Einnahmen und Ausgaben Rechnung zu legen.

Für die ersten zwei Monate der Reyß wollte man das Reyßgeld mitgeben. Der Rat versicherte aber nachzuschießen, wenn darüber hinaus weiteres Geld notwendig werden würde.

Es gab Probleme mit ein paar Söldnern, die zwar das Geld und das Tuch genommen hatten, es aber wieder zurückbrachten und höhere Entlohnung forderten. So etwas war eigentlich strafwürdig, aber der Rat beschloss mehrheitlich, das jetzt hinzunehmen, wohl um nicht auch andere Söldner aufsässig zu machen. Auch auf eine Anzeige beim gnädigen Herrn verzichtete man.

Nach neun Tagen, am 21. September, war es dann soweit. Von allen Städten kamen die aufgebotenen gerüsteten Männer, insgesamt 60 Reiter und 440 Mann zu Fuß, darunter das Würzburger „Fähnlein". Am Morgen darauf wurden sie ab 7 Uhr auf dem Judenfriedhof, dem heutigen Garten des Juliusspitals, den ganzen Tag über gemustert, danach dem Fähnrich Mathes Hornung dem Jungen förmlich unterstellt. Zum Reyßschreiber wurde Stefan Sorg bestellt. Hornung und Sorg waren übrigens beide Söhne von Ratsherren.

Nun ist noch über ein bemerkenswertes Tauschgeschäft zu berichten: Die Würzburgischen waren mit langen Spießen gut gerüstet, ganz im Gegensatz zu vielen vom Landvolk. Die besaßen nur Hellebarden. Der Bischof bat daher den Rat, noch weitere 100 lange Spieße leihweise zur Verfügung zu stellen. Der, der eine Hellebarde hatte, sollte einen langen Spieß im pfandweisen Tausch seiner Waffe erhalten, und wenn er den Spieß nach dem Kriegszug wieder zurückbrächte, seine Hellebarde zurückerhalten. Um Missbrauch oder Schlamperei vorzubeugen, wurde festgelegt, dass bei Verlust des Spießes dafür Ersatz zu leisten wäre.

Der Rat hatte sich noch gewundert, dass der Bischof nicht auch noch einen Reyß-(Kriegs-)wagen oder einen Karren für die Versorgung der Truppe mit Proviant angefordert hatte. Die Würzburger hätten gerne auf einem solchen Wagen ihre gesamte Ausrüstung und die Lebensmittel transportiert. Das wäre natürlich viel bequemer als das Schleppen der Ausrüstung gewesen. Der Bischof lehnte dies aber ab, weil sonst die anderen Städte ebenfalls einen Wagen hätten mitschicken wollen und dann große Kosten entstanden wären. Es seien so viele Fuhrwerke gekommen, ließ er sich hören, dass er sogar einige wieder heimgeschickt hätte. Es seien ohnenhin noch genug Karren, nämlich an die 13, vorhanden, die alle Söldner benutzen könnten. Der Stadtschreiber notiert genau mit Namen, wieviel Mann aus jedem Viertel auszurücken hatten, was sie an Handgeld mitbekamen, wieviel Geld aus den Vierteln erbracht und *uff das schlos*, also dem bischöflichen Hauptmann, *uberantwort*, und mit wieviel Geld der Reyßschreiber Stefan Sorg ausgestattet wurde. Wen die Namen interessieren, kann sie im Ratsprotokoll nachlesen.[81] Die 44 Würzburger Stadtbürger bildeten nach der Musterung schließlich zusammen mit anderen *vom lande* ein Aufgebot von 400 Mann zu Fuß und 100 Kriegsknechten. Sie machten sich befehlsgemäß zu König Maximilian I. auf den Weg. Sie fügten sich in die Truppen des Schwäbischen Bundes und die Abteilungen aus Bamberg, Nürnberg und anderen Städten ein und mussten im Landshuter Erbfolgekrieg gegen ein böhmisches Heer kämpfen. In diesen kriegerischen Auseinandersetzungen stritten Ruprecht von der Pfalz und Herzog Albrecht von Bayern-München um das Erbe Herzog Georgs des Reichen von Bayern-Landshut. Warum mussten nun ausgerechnet Würzburger Bürger in diesen Gefechten ihre Haut zu Markte tragen? Der Grund dafür ist an höchster Stelle zu finden: Und diese Stelle war der eben genannte König Maximilian I., der spätere Kaiser. Er hatte sich vermittelnd in die Auseinandersetzungen eingeschaltet. Seine Vermittlungsdienste waren nicht unentgeltlich, er ließ sie sich durch Gebietsabtretungen beider Parteien vergüten.

Nachdem ihm Albrecht Kufstein, Kitzbühel und Rattenberg abgetreten hatte, versprach ihm Maximilian 10 000 Mann Hilfstruppen sowie Geldunterstützung. Und 50 (tatsächlich 44) Mann davon hatte der Würzburger Landesherr zu stellen.

Nebenbei bemerkt, bei der ersten größeren Schlacht vor Landshut – da waren die Würzburger noch nicht dabei – büßte Götz von Berlichingen durch eine aus einer Feldschlange abgeschossene Kugel seine Hand ein und wurde zum berühmt-berüchtigten „Ritter mit der eisernen Hand".

Keine eineinhalb Monate später kam schon die nächste Reyßanforderung. Am Mittwoch, den 31. Oktober 1504, abends um 10 Uhr wurde allen Stadtvierteln geboten, zusammen 300 gerüstete Männer für einen Zug vor das Wasserschloss Unterbalbach, heute ein Stadtteil von Lauda-Königshofen im Landkreis Main-Tauber, aufzustellen. Dort lebte der Ritter Melchior Sützel von Mergentheim zu Balbach, der drei Tage zuvor das Schloss von seinem verstorbenen Vater Wilhelm Sützel geerbt hatte. Schon der Vater hatte dem Hochstift Würzburg förmlich seine Feindschaft erklärt. Der Sohn trat nun sein Erbe an, was bedeutete, dass von ihm jede Art von Feindseligkeiten zu erwarten war. Um dem zuvorzukommen, ging es in derselben (!) Nacht auch schon los ins Taubertal. Es wurde ein kurzer Einsatz. Die Würzburger hatten sich eigentlich auf ein länger andauerndes Unternehmen eingestellt, sie hatten neben dem Fähnrich und den Trommlern einen Landsknecht, also einen berufsmäßigen Soldaten, Zimmerleute und sogar einen Koch mitgenommen. Der bischöfliche Schultheiß Bartholmes Zollner und der Ratsherr Hans Heydenfelder leiteten als Hauptleute den Angriff. Das Schloss wurde im Handstreich mit aller fahrenden Habe, also allen beweglichen Sachen, eingenommen. Bereits am Samstag waren die Reisigen wieder zu Hause. Acht Mann der Würzburger Abordnung verblieben in Unterbalbach, um das wohl weitgehend unversehrte Schloss zu bewachen und zu verhindern, dass Sützel es wieder in Besitz nahm.

Dieser Einsatz „von jetzt auf eben" gab dem Rat Anlass, sich in einer seiner nächsten Sitzungen Mitte November einmal grundsätzlich mit der Verpflegung der Mannschaft bei solchen *eillendt raisen* zu befassen. Auch Tilman Riemenschneider nahm als neuer Ratsherr an dieser Sitzung teil.

Jedes Stadtviertel sollte künftig jedem seiner Leute, die zum Kriegszug ausrücken mussten, eine Suppe und ein Stück Fleisch geben, wenn der Auszug frühmorgens stattfand. Handelte es sich dabei um einen „Fischtag", also einen Fastentag, sollten die Männer einen Hering, soweit vorhanden, und dazu Brot und einen Trunk erhalten. Wäre aber keine Zeit, um Fleisch oder Hering darzureichen, dann sollte man eine Suppe, Käse, Brot und Wein, was man davon in aller Eile besorgen könne, mitgeben und die Leute nicht nüchtern ausziehen lassen. Allerdings wurden die Viertel auch ermahnt, nicht übermäßig viel Proviant zu gewähren, um von vornherein jeglichen Neid unter den Söldnern zu vermeiden.

Wenn der Abmarsch um das Morgen-oder Mittagessen herum startete, so sollte man den Reisleuten außer einem Trunk nichts geben. Die Ratsherren waren wohl der Auffassung, dass es dann genug Zeit gab, noch daheim zu essen. Kämen die Männer zur Nacht desselben Tages wieder heim, dann sollten sie ein Stück Fleisch, Käse, Brot und einen Trunk bekommen.

Bereits nach drei Wochen, hatte man Gelegenheit, diese Grundsätze anzuwenden. Denn am 7. Dezember 1504 bestellte das Kapitel die beiden Bürgermeister Ortolf Groß und Endres (Andreas) Schlosser ein, zwischen 10 und 11 Uhr bei ihm zu erscheinen. Die Domherren geboten *ernstlich,* 300 Mann aufzubieten, die am nächsten Morgen um 7 Uhr anzutreten und sich auf dem Schottenanger mit ihren Harnischen, Hellebarden und langen Spießen zu sammeln hätten, um sich dort mit anderen Söldnern zu treffen. Die Bürgermeister zweifelten zunächst, ob sie richtig gehört hatten, und begaben sich dann zum Statthalter des Bischofs, gingen weiter zur bischöflichen Kanzlei, die sie aber verschlossen fanden, und schließlich zum Domprobst, der ihnen das Aufgebot aber bestätigte und dazu noch auftrug, ein oder zwei Büchsen mitzunehmen. Die Bürgermeister ihrerseits baten, wenigstens auch einen Kapitelsherren mitzuschicken, der für Ordnung sorgen solle. Man veranschlagte für die Reyß, die nach Grünsfeld im Taubertal, heute dem Landkreis Main-Tauber zugehörig, gehen sollte, eine Dauer von vier Tagen. Interessant ist nebenbei, dass Tilman Riemenschneider einen künstlerischen Bezug zu Grünsfeld hatte: An der Innenausstattung der Stadtkirche St. Peter und Paul beteiligte er sich selbst oder seine Werkstatt mit einem herabhängenden Kreuz und dem Epitaph der Dorothea von Rieneck. Der Ratsherr Johann (Hans) Heydenfelder wurde mit seinem Einverständnis zum Feldhauptmann ernannt, der Unterknecht des Baumeisters Contz (Konrad) Wescher und der Ratsdiener Stefan Steinbickel ihm zur Unterstützung an die Seite gestellt. Außerdem mussten der Ratsschmied, weitere Schmiede und mehrere Zimmerleute mitziehen. An Proviant wurden zusammengestellt für 40 Schillinge Wastel, das waren kleine Milchbrote, 200 Pfund Fleisch, 50 Pfund Butter und Speck, 4 Metzen Erbsen (etwa 80 Liter), Salz und Hafermehl, 30 Pfund Kerzen, 4 Malter Hafer (etwa 1600 Liter) und ein Fuder Wein (rund 900 Liter). Zum Transport dienten zwei oder drei Wagen. Die angeforderten zwei Büchsen wurden von Pferden gezogen.

Ganz reibungslos verlief der Zug diesmal aber nicht: Der Hauptmann Heydenfelder meldete, dass von den 300 Würzburgern 19 *ungeschickt folgk* gewesen seien und er sie daher wieder heimgeschickt hatte. Weil damit das Würzburger Kontingent nicht vollständig war, sei er hart kritisiert worden. Weitere Kritikpunkte waren: Die Truppe sei zwar des Nachts in Grünsfeld angekommen, aber nicht der versprochene Proviant. Das Würzburger Kontingent hatte schließlich auch zum Teil untaugliche und schlechte Waffen gehabt, das Landvolk dagegen eine bessere Ausrüstung.

Der Rat beschloss daraufhin, sich, da der Bischof auswärts weilte, an dessen Statthalter mit der Bitte zu wenden, die Harnische und Waffen der Würzburger zu besichtigen und allen denen, die dazu im Stande seien, zu gebieten, sich neue Waffen anzuschaffen.

Angesichts dieser Probleme fast beiläufig vermerkt der Stadtschreiber, dasss man Grünsfeld und die dazu gehörenden Dörfer eingenommen hätte.

In den Ratsprotokollen der folgenden Jahre hören wir von einer ganzen Reihe weiterer Mobilmachungen. In diesen Fällen kam es aber letztlich wohl nicht zu wirklichen Einsätzen.

Aus einem Bericht über eine Reyß Anfang 1513 kann man erfahren, was außer Proviant und Waffen noch an Werkzeugen bei solchen Kriegsunternehmungen mitgeführt wurde: Hauen, Schaufeln, Pickel, Hobel, Hemmketten zum Bremsen der Wagenräder, Flaschen, Schüsseln und Becher.

Mitte September 1513 lief beim Rat der Stadt ein Aufbotbrief des gnädigen Herrn ein mit der Aufforderung, sich auf das Stärkste zu rüsten und, sobald angefordert, bereit für einen neuen Kriegszug zu sein. Der Rat und die Viertelmeister geboten *von haus zu haus,* dass sich jedermann mit Harnisch und Waffen rüste. Die Viertelmeister mussten ihre Reyßwagen mit aller *Zugehörung* vorbereiten und auf den ihnen zugewiesenen Plätzen bereitstellen. Die Verpflegung sollte dieses Mal nicht getrennt nach Vierteln erfolgen, sondern man sollte *aus einem beutel,* also aus einer Gemeinschaftsküche, *zeren.*

Zur Betreuung der Büchsen und der Kugeln wurden der Glockengießer Meister Hans Neubauer und der Schlosser Linhart (Leonhard) Egerer gegen *zimliche belonung* mitgenommen.

Als Feldhauptmänner fungierten Mathes (Mathias) Hornung der Junge, Viertelmeister in Gänheim, und Hans Reichel, Viertelmeister des Kresser Viertels. Der als Feldhauptmann vorgesehene Ratsherr Johann Wittstat war gar nicht glücklich über seine Berufung und versuchte, das Amt wieder loszuwerden. Er wies darauf hin, dass er zugleich das vom Landesherrn bestimmte Mitglied im Ungeldamt sowie der amtierende Kastenmeister sei, der sich in seinem Hauptamt ja um Ankauf und Bevorratung des städtischen Getreidevorrats zu kümmern hatte. Außerdem fiele sein Geselle wegen Krankheit aus. Kühl lehnte der Rat sein Ansinnen mit der Bemerkung ab, er sei gewählt, *dabei sol man es bleyben lassenn.*

Der Versuch des Johann Wittstat, um diese Aufgabe herumzukommen, ist durchaus verständlich. Denn ein solcher Kriegszug war alles andere als ungefährlich. So erkundigte sich einmal der Ratsherr Christof Schorre, als er zum Feldhauptmann bestimmt wurde, wer im Falle seiner Gefangennahme die Kosten, wahrscheinlich für Verpflegung und Lösegeld, übernehmen werde. Der Rat sagte ihm unter dem Versprechen, darüber zu schweigen, zu, für die Kosten für eine etwaige Auslösung geradezustehen.

Auch bei dieser Reyß gab es Schwierigkeiten mit einigen „Dienstverpflichteten", und wir erfahren dabei, wie mit Ungehorsamen umgegangen wurde: Sie wurden ins Loch geworfen, insbesondere die, die ihre Spieße dazu noch mutwillig zerhauen hatten.

Unserem Stadtschreiber erscheint im Laufe seiner Dienstjahre die Berichterstattung über die zahllosen Kriegszüge, die sich ja meist sehr ähnelten, immer lästiger, so dass er zunehmend nur noch die Besonderheiten von solchen Unternehmungen festhält.

So fand im Juli 1516 *uff begere unnsers gnedigen herren unnd eines capitels* ein Zug von 200 Würzburger Reisiger nach Markt Bibart im Steigerwald, statt. Markt Bibart liegt heute im Landkreis Neustadt an der Aisch-Bad Windsheim in Mittelfranken. Was der Anlass für diese Reyß war, verrät uns der Stadtschreiber leider nicht. Er notiert aber, dass dem einen Feldhauptmann, entweder dem Ratsherren Georg Engelbrecht oder seinem Kollegen Peter Schlunt, das Pferd nach Ankunft in Markt Bibart starb. Der Rat schickte ihm sofort ein Ersatzpferd und kaufte ihm nach seiner Rückkehr für 18 Gulden ein neues.

Und dann waren da noch die Viertelhauptleute des Bastheimer Viertels, Paul Beutler und Thomas Sporer. Sie waren zwar bis nach Markt Bibart mitmarschiert, hatten dann aber gleich wieder kehrt gemacht, wobei Beutler auch noch *vil loser wortt getriben*. Die Sache wurde dem gnädigen Herrn „zum Zwecke der Bestrafung" übergeben. Wie die ausgefallen ist, ist uns nicht überliefert.

Am Gründonnerstag des Jahres 1524 kam es dann zu einer Anforderung des Bischofs, die der Rat weder erfüllen wollte noch konnte. Der gnädige Herr wollte sage und schreibe 1000 Mann gestellt bekommen. Der Rat rief die Viertelmeister zusammen, man beriet sich und beschloss dann mehrheitlich, 300 Reisige anzubieten und keinen Mann mehr. Die Herrschaft solle den Rat und die gemeine Stadt bei ihrem alten Herkommen lassen, nämlich (nur) 250 oder 300 gerüstete Männer stellen zu müssen. Wenn der Bischof mehr haben wolle, dann müsse man eben jetzt auch einmal die vom Kriegsdienst und anderen städtischen Pflichten Befreiten heranziehen. Andernfalls entstünden Ungehorsam, Widerwille und viel Gerede bei dem gemeinen Mann.

Mitglied im Oberrat und Spitalpfleger

Schon zum dritten Mal nach 1509 und 1514 entsandte der Rat der Stadt Würzburg Tilman Riemenschneider neben dem alten Bürgermeister Hans Franck und dem Ratsherrn Hans Helferich für ein Jahr in den Oberrat. Gleichzeitig wählten ihn die Ratsherren in derselben Sitzung vom 14. November 1518 zusammen mit Michel Zirckel noch zu einem der neuen Spitalpfleger.

Mitglied im Oberrat

Da leider die Protokolle über die Sitzungen des Oberrates für die uns interessierende Zeit nicht (mehr) existieren, sind wir auf die Aufzeichnungen des Stadtschreibers Martin Cronthal in seinen Niederschriften über die Sitzungen des Stadtrates angewiesen, soweit sie ausnahmsweise über die Beratungen und Beschlussfassungen im Oberrat berichten. Lediglich zwei erwähnenswerte Geschehnisse aus der Sitzungsperiode 1518/1519 des Oberrates sind uns im städtischen Ratsprotokoll überliefert:

Im Frühjahr 1519 erschienen die *meyster des hanntwercks der fischer* vor dem ehrbaren Rat und trugen vor, wie sich ein Streit ergeben hatte zwischen den Meistern einerseits und dem ganzen Fischerhandwerk andererseits, also den „normalen" Fischern. Es ging dabei um die Aufnahme in die Bruderschaft der Fischer. Die Meister wollten vom Rat wissen, wie sie sich verhalten und wen sie aufnehmen sollten. Diese Frage war eigentlich in einem sogenannten Vertragsbrief geregelt, einer Art Satzung, die der Rat vor 60 Jahren erlassen hatte. Jetzt gab es aber nach Aussagen der Meister etliche Fischer, die seien die „allerunendlichsten, die liederlichsten, unehelich geborene, und würden den Leuten ihre Habe wegnehmen und stehlen". Entgegen der Satzung habe der Oberrat entschieden, dass diese Fischer ihre Aufnahme in die Bruderschaft durchsetzen könnten. Der Rat machte sich schlau und ließ sich den Vertragsbrief vorlesen. Nachdem die Ratsherren den Inhalt gehört hatten, beschlossen sie, den Fischermeistern bei der Weiterverfolgung der Angelegenheit Beistand bei der Herrschaft und dem Oberrat zu leisten.

Spitalpfleger[82]

1316[83] hatte das Würzburger Patrizierehepaar Johann und Mergardis von Steren durch die *Hingabe* seines Hauses vor dem Hauger Tor an der Straße gegen das St. Afra-Kloster, der heutigen Semmelstraße, ein Spital zur Pflege und Unterstützung von Alten, Armen und Gebrechlichen gestiftet. In der Gründungsgenehmigung hatte Bischof Gottfried von Hohenlohe unter anderem festgelegt, dass die Leitung und Verwaltung der Anstalt und ihres Vermögens dem Stifter, seinem Sohn und einer dritten, von ihnen auszuwählenden Person, oblag. Wenn einer der drei wegfallen sollte, hätte der Rat der Stadt Würzburg geeignete Nachfolger zu bestimmen. Rechenschaft und Rechnung waren dem Rat gegenüber abzulegen.

Bisher waren es im Wesentlichen nur kirchliche Institutionen, Klöster und Stifte, die sich in ihren Spitälern um Arme, Kranke und Gebrechliche kümmerten. Nun aber, zu Beginn des 14. Jahrhunderts, gründeten die mit immer mehr Selbstbewusstsein auftretenden Städte und ihre zu Wohlstand gekommenen Patrizier nun selbst bürgerliche Spitäler. Beispiele finden sich im Bereich des Hochstifts Würzburg in Mellrichstadt, Neustadt an der Saale, Königshofen im Grabfeld und in Kitzingen, außerhalb in Eichstätt, Ingolstadt, Freiburg und Nürnberg.

Das Motiv für solche Wohltätigkeiten war zunächst einmal das biblische Gebot der christlichen Nächstenliebe und Barmherzigkeit. Eine nicht mindere bewegende, wenn nicht gar entscheidende Triebfeder war die Sorge um das eigene künftige Seelenheil. Bekanntlich wächst diese mit zunehmendem Lebensalter. Und so waren die, die in den Genuss der Versorgung in einem solchen Spital kamen, (regelmäßig) verpflichtet, täglich mehrmals für das ewige Seelenheil der Stifter zu beten. Man glaubte fest daran, sich durch gute Werke und die betende Fürsprache vieler Menschen einen leichteren Weg in das Himmelreich zu sichern.

Seit seiner Gründung hatte das „Neue Spital vor dem Haugburgtor“ durch umfangreiche Zuwendungen und Zustiftungen eine sehr erfolgreiche Entwicklung genommen. Reicher Grundbesitz an Feldern, Wald und insbesondere Weinbergen bot eine solide Grundlage für die Erfüllung der sozialen Aufgabe. Von besonderer wirtschaftlicher Bedeutung war dabei eine großzügige Zustiftung der aus Kitzingen stammenden Brüder Rüdiger und Wolf Teufel im Jahre 1340: Sie schenkten dem Neuen Spital das von ihnen kurz zuvor offensichtlich nur zu diesem Zweck vom Kloster Münsterschwarzach erworbene Dorf Laub im Steigerwald, heute Ortsteil von Prichsenstadt im Landkreis Kitzingen, mit allen Zugehörungen, Zehnten, Gülten, Abgaben und Rechten.[84]

Einige Jahrzehnte später, im Jahr 1371, erhielt das Spital, wie von Anfang an beabsichtigt, auch seine eigene Kirche. Im Jahr ihrer Erbauung wurde sie mit ihren vier Altären und der Sakristei vom Weihbischof feierlich geweiht. Als Hauptpatron wählte man Sanctus Spiritus und gab dem „Neuen Spital vor dem Haugburgtor“ den Namen „Heilig-Geist-Spital“. Die Einrichtung trug verschiedene Namen: 1323 findet man die lateinische Benennung *hospitale sancti spiritus.* Der Heilige Geist war der zu dieser Zeit am häufigsten gewählte Patron für Wohlfahrtseinrichtungen in kommunaler Verwaltung. Die Bürgerschaft wie auch unser Stadtschreiber Martin Cronthal hielten aber bis ins 16. Jahrhundert am alten Namen „Neues Spital“ fest. Und heute lautet die Bezeichnung der Stiftung: „Bürgerspital zum Heiligen Geist“.

Aus den drei Vorstandsmitgliedern war im Lauf der Zeit ein Ratsamt geworden, mit dem der Rat aus seinen Reihen je zwei Pfleger für eine zweijährige Amtszeit betraute. Für die Verwaltung des also unter der „Regie“ der Stadt stehenden Spitals vor Ort und die Aufrechterhaltung des ordnungsgemäßen Betriebs sorgte ein vom Rat der Stadt bestellter Spitalmeister. Er wohnte mit seiner Frau, der Spitalmeisterin, im Spital. Ein Spitalschreiber führte Buch über die Einnahmen und Ausgaben und besorgte den Schriftverkehr. Knechte und Mägde sowie Pflegepersonal erledigten die täglichen Arbeiten.

Die Zahl der Plätze im Spital war sehr begrenzt. Genauere Angaben darüber lassen sich erst für spätere Zeiten finden. Über die Aufnahme in das Spital entschieden nun nicht etwa die beiden Spitalpfleger, schon gar nicht der Spitalmeister, das hatte sich der Rat ausnahmslos vorbehalten.

Einen der begehrten Plätze im Spital bekamen hauptsächlich alte und kranke Bürger und Bürgerinnen der Stadt Würzburg, dazu auch Bewohner des Dorfes Laub. Auswärtige hatten nach dem Stifterwillen kaum Chancen, aufgenommen zu werden. Grundsätzlich ausgeschlossen waren Adelige und Angehörige des Klerus.

Im Haus gab es zwei Klassen von Insassen, Pfründner genannt. Wer eine „Reiche Pfründe" erhalten wollte – sie bot eine komfortablere Unterbringung in einer eigenen Stube, eine bessere Verköstigung, oft am Tisch des Spitalmeisters eingenommen – musste tief in die Tasche greifen. Der Rat setzte je nach Einzelfall und Vermögensstand des Bewerbers eine Geldsumme fest, die beim Eintritt zu leisten war. Darüber hinaus mussten die neuen Reichen Pfründner in der Regel das Spital zum Erben für ihren Hausrat und ihr sonstiges Vermögen einsetzen.

Wer sich solche Einstandsgebühren nicht leisten konnte, bewarb sich um eine „Arme Pfründe". Dafür war nur eine geringe Geldzahlung nötig. In gar nicht so wenigen Fällen entschied der Rat angesichts der Armut der Bewerber sogar, sie ohne Gegenleistung, *umb gots willen,* aufzunehmen. Natürlich war die Unterbringung nicht so angenehm wie bei den Reichen Pfründnern, man lebte, aß und schlief in Gemeinschaftsräumen, das Essen war einfacher, und man war verpflichtet, je nach körperlichem Zustand Arbeits- und Dienstleistungen im Spital zu erbringen. Dazu gehörte auch der Dienst als Kirchner oder Kirchnerin, Messner oder Messnerin in der Spitalkirche.

Auch für die seelsorgerische Betreuung der Spitalinsassen war gesorgt. Der Pfarrer des Siftes Haug war verpflichtet, regelmäßig Messen in der Spitalkirche zu lesen, die Sakramente, Kommunion und letzte Ölung zu spenden, Beichte abzunehmen und Begräbnisse in der Spitalkirche durchzuführen. Manch einer der Pfarrer war aber leider säumig bei der Erfüllung der offensichtlich unbeliebten Verpflichtung. Die Pfründer, ob Arme oder Reiche, konnten jedenfalls in diesen Zeiten, als es weder Krankenversicherung, Altersvorsorge und Sozialhilfe gab, gesichert mit einem Dach über dem Kopf, mit Verpflegung, im Notfall auch mit Pflege und seelsorgerischer Begleitung ihre Lebensabend verbringen. Einziges Risiko, das Spital wieder verlassen zu müssen, war es, gegen die geltenden Hausregeln zu verstoßen oder sich mit Lepra oder der Franzosenkrankheit, der Syphillis, anzustecken. In diesen Fällen entschied der Rat schnell und endgültig: Ausschluss aus dem Spital!

Nun hatte also auch Tilman Riemenschneider die Ehre, sich für die nächsten zwei Jahre um die Belange des Neuen Spitals zu kümmern.

Als erstes lag im Dezember 1518 die Bewerbung eines gewissen Matthias Schusselbinder aus Heidingsfeld für das Amt des Kirchners in der Spitalkirche auf seinem Tisch. Da der nicht Würzburger Bürger war – Heidingsfeld war eine eigenständige Stadt und wurde erst 1929 in die Stadt Würzburg eingemeindet –, musste er es etwas schlauer anstellen, um Aufnahme zu finden. Also bot er einerseits seine Dienste als Kirchner an, andererseits war er bereit, 50 Gulden in vier Jahresraten dem Spital zuzueignen. Das war dem Rat aber nicht genug. Die Ratsherren beschlossen zwar mehrheitlich, ihn aufzunehmen, aber nur, wenn er ausreichende Sicherheit für seine Geldzahlungen biete und außerdem noch zwei Fuder Wein dazu gebe. Das waren immerhin an die 1800 Liter! Da hatten sich die Ratsherren aber verrechnet. Schusselbinder konnte oder wollte nicht eine solche Menge Wein aufbringen. Ein neuerliches Verhandlungsangebot des Rates, anstelle des Weins 60 statt 50 Gulden zu erlegen, wollte Schusselbinder dann nochmal überdenken. Man räumte ihm eine Überlegensfrist von 14 Tagen ein. Zu welchem Ergebnis Schusselbinder gekommen ist, verrät das Ratsprotokoll nicht. Wir können aber davon ausgehen, dass er seine Bewerbung nicht weiterverfolgte, denn wenn eine Aufnahme erfolgt wäre, müsste darüber ein Ratsbeschluss gefasst und protokolliert worden sein. Das ist aber nicht der Fall.

Das Hauger Viertel hatte den dringenden Wunsch, eine Feuerpfanne anzubringen und sich dafür die Hauswand des Spitalgebäudes ausgesucht. Solche Eisentigel wurden mit Holzkohle oder Pech befüllt und dienten der Beleuchtung der Straßen. Es waren also Vorgänger unserer Straßenlaternen. Das Einverständnis des Spitalmeisters hatten die Hauger wohl vergeblich versucht zu erreichen, der fürchtete offenbar die davon für „sein" Spital ausgehende Brandgefahr, und so wandten sie sich an den Rat. Der beschloss, dass die Spitalpfleger mit ihm reden sollten, offensichtlich mit der Maßgabe, eine beiden Seiten gerecht werdende Lösung zu finden. Ob sie erfolgreich war, erfährt man aber nicht.

Ähnlich wie im „Fall" Schusselbinder erging es dem Ansuchen des Weiprecht Grisel aus Berching, einer Kleinstadt aus dem benachbarten Hochstift Eichstätt. Auch der erschien vor dem Rat, und zwar Ende Januar 1519. Der Rat beschloss, so Grisel bar 60 Gulden mitsamt seinem Bett ins Spital einbringe und bereit sei, das Kirchneramt zu versehen, könne er einen Platz bekommen. Außerdem habe er natürlich, wie alle anderen Armen Pfründner auch, dem Spitalmeister gehorsam zu sein und all seinen Besitz dem Spital von Todes wegen zu überlassen. Der Rat war sich offensichtlich darüber im Klaren, dass seine Forderungen schwerwiegend waren. Er räumte nämlich Grisel eine Entscheidungsfrist bis Weihnachten (!) ein. Auch hier scheint die Sache gescheitert zu sein, denn im Protokoll ist über den Fortgang der Sache nichts mehr notiert.

Beiläufig erfahren wir, dass das Spital sogar einen Eierladen besaß. Er stand auf dem Platz vor Unser Lieben Frauen Kapellen, der Marienkapelle. Ein Glaser wollte ihn für 20 Jahre um 14 Pfennig jährlichen Zins pachten und versprach dabei noch, während der Pachtzeit 20 Gulden an Bauunterhalt hineinzustecken. Das Angebot überzeugte den Rat, und er verpachtete ihm den Laden.

Das Amtsjahr 1520 bereitete den beiden Spitalpflegern wenig aufregende Stunden.

Schon seit Januar häuften sich die Ablehnungen der Aufnahmegesuche, weil *dann das spital sunst uberlegtt ist* oder *kein bette lere.* Die Plätze waren schon sehr begehrt, und die Zahl der Bewerber meist höher als die zur Verfügung stehenden Betten.

Ärger gab es allerdings einmal, als entweder der Spitalmeister selbst, dessen Name Hans Metzler überliefert ist, oder sein Eheweib ohne Kenntnis des Rates eine Frau im Spital aufnahm. Wer von beiden es war, ließ sich offensichtlich nicht mehr feststellen. Der Rat beschloss ohnehin sofort, solchem Tun einen Riegel vorzuschieben, *es dohin nicht komen zu lassen,* und die Frau wieder heraus zu tun.

Kurz darauf fiel der Spitalmeister Metzler erneut negativ auf. Der Abt des Schottenklosters führte beim Rat Klage über ihn, weil er alte öffentliche Wege in der Nähe des Klosters für sich in Beschlag genommen hatte und nutzte und es damit dem Kloster unmöglich machte, Mist in die Weingärten zu karren oder die Weinernte heraus zu schaffen.

Als der Wein in Würzburg einmal knapp wurde, bekamen das auch die Armen Pfründner im Spital zu spüren. Der Rat sah sich gezwungen, bis auf Weiteres die tägliche Weinration auf ein halbes Maß, einen halben Liter, zu reduzieren. Mitgefühl zeigte der Rat für Pfründner, die schwach waren oder wurden, für die könne man eine Ausnahme machen und die Menge erhöhen. Wein galt ja, wie manchem noch heute, als Medizin und allgemeines Stärkungsmittel.

Vielleicht interessiert auch noch der Name eines Balbiers, für dessen Aufnahme sich sogar der Domdekan einsetzte: Er hörte auf den schönen Namen „heiliger Geist".

Am 12. November 1520 beendeten dann Tilman Riemenschneider und Conrad Ochsner ihre Ratsämter als Spitalpfleger. Tilman wechselte in das Spitzenamt der Stadtverwaltung.

Der Bürgermeister

Tylman Rymschneyder unnd Jorg Moring sind gewelet zu burgermeyster

So kurz und bündig vermeldet das Protokoll über die Sitzung des Rates am Montag nach Martini im Jahre des Herrn 1520, dem 12. November, den Höhepunkt der kommunalpolitischen Karriere unseres Meisters Til. Für ein Jahr stand er, wohl in der Rolle des älteren Bürgermeisters, zusammen mit seinem Kollegen dem Ratsgremium vor. Wie ein heutiger Oberbürgermeister repräsentierte er die Stadt und vertrat ihre Interessen, gegenüber einzelnen Bürgern, der Gemeinde, den Vierteln, den Stiften und Klöstern und anderen kirchlichen und städtischen Institutionen. Am schwierigsten war aber sicher der Umgang mit der Herrschaft, dem Bischof und dem Domkapitel, der viel diplomatisches Geschick erforderte.

In seiner Sitzung am 5. November 1506 hatte der Rat Grundsätze für die Wahl der Bürgermeister beschlossen: Alle Ratsherren sollen, jeder auf seinen Eid, einen aus ihrer Mitte, von dem er überzeugt war, dass er für die Führung des Rates und der ganzen Gemeinde am nützlichsten sei, und der das Jahr davor das Amt nicht bekleidet hatte, wählen. Und dem gewählten Bürgermeister sollen die anderen Ratsherren das Amtsjahr überaus gehorsam und den geltenden Geboten untertänig sein. Wenn einer als Bürgermeister gewählt würde, der noch ein anderes Ratsamt innehatte, der solle dieses Amt niederlegen. Am Wahltag solle vor dem Wahlgang eine Frühmesses in der Kapelle zum Grafeneckart gehalten werden und alle Ratsherren daran teilnehmen. Bei Versäumen wären 4 Pfennig Buße fällig.

Zunächst galt es, wie üblich, die Wahl mit einem Bürgermeistermahl zusammen mit den Ratsherren zu feiern, oftmals noch am Wahltag selbst. Offenbar waren in der Vergangenheit solche Schmausereien der trinkfesten Ratsherren etwas üppig ausgefallen – es wird berichtet, dass sie zuweilen zwei, ja sogar drei Tage gedauert hatten –, so dass das Gremium ab und zu vorher dem Ganzen gewisse Grenzen, insbesondere was die Zahl der gereichten Gerichte anging, setzten.

Wir dürfen davon ausgehen, dass Tilman Riemenschneider, sein Kollege Jorg Moring und die 1521 amtierenden Ratsherren nicht übertrieben. Aus dem Ratsprotokoll erfahren wir nämlich nur, dass der Wein, der selbstverständlich zu einem solchen Festmahl gehörte, aus dem Ungeld, und falls dieses nicht reichen sollte, aus den allgemeinen Steuereinnahmen zu finanzieren war. Von einer übermäßigen Feier wird nichts berichtet.

Als erste Amtshandlung mussten die neu gewählten Bürgermeister noch im Laufe des Wahlmonats November dem Brückenzöllner auf Ratsbeschluss hin vor dem Stadtgericht Beistand leisten. Vor diesem Gericht wurden Streitigkeiten von Bürgern untereinander, Schuldangelegenheiten, Beleidigungen und Verleumdungen sowie Tätlichkeiten mit leichteren Folgen verhandelt. Den Vorsitz hatte der Schultheiß als Vertreter des Bischofs, der Stadt- und Gerichtsherr war. Schöffen aus der Mitte des Rates und der Gemeinde fungierten als Beisitzer.

Der Brückenzöllner stand vor Gericht, weil er einem, der keinen Zoll hatte zahlen wollen, *gevolgt* war und *ine ein wenig* geschlagen hatte. Unter „wenig" verstand man zu den damaligen Zeiten allerdings deutlich mehr als heute!

Als nächstes erhielten die Bürgermeister vom Rat den Auftrag, Diebstahlsfälle in den Weinbergen zu verfolgen. Ein Bürger mit Namen Jorg Jäger hatte sich beim Rat beschwert, dass man seine Weintrauben und fünf Bottiche voller Äpfel gestohlen hatte. Gleiches war dem Koch Hans Schwab sowie Hans Dietmann und Martin Leupold passiert, auch ihr Wein, Obst und ihre Beeren waren geklaut worden. Sie hatten einen gewissen Kettner in Verdacht, wussten aber nicht genau, ob es nicht auch andere Täter gab. Die Bürgermeister sollten nach den Vorstellungen des Rates zunächst die Geschädigten anhören und je nach dem Ergebnis der Befragungen sich an den Hofschultheiß wenden, dass der die Angelegenheit vor die Räte des Bischofs brächte. Falls der sich aber weigerte, so müsste der Vorgang schriftlich an den gnädigen Herrn gebracht werden.

Die Bürgermeister merkten schnell, dass der Verdacht gegen Kettner, mit Vornamen Hans, ganz und gar nicht ungerechtfertigt war.

Den hatte man schon mal ins Gefängnis gesetzt, nachdem Gruben in der Erde seines Weingartens entdeckt worden waren. Darin hatte er gestohlene Beeren und Obst versteckt. Mittlerweile war auch die Zahl derer, denen Wein und Obst abhanden gekommen war, auf 22 (!) Personen angewachsen. Der Rat war sich klar darüber, dass Kettner wieder im Gefängnis landen würde und machte sich jetzt schon Gedanken über die Zeit nach seiner Freilassung. Denn Kettner war dafür berüchtigt, dass er sich rächen und den Leuten wieder Schaden zufügen würde. Man wandte sich daher vorsorglich an die Statthalter des Bischofs mit der dringenden Bitte, dafür zu sorgen, dass von Kettner keine Gefahr mehr ausgehen könnte. Aber damit ist die Geschichte noch nicht zu Ende erzählt, denn der Kettner war inzwischen nach Nürnberg geflohen. Am 15. Januar des folgenden Jahres informierten die Bürgermeister Riemenschneider und Moring den Rat über eine Besprechung mit Herrn Dietrich von Thüngen und eine weitere Verhandlung in der bischöflichen Kanzlei mit dem Schultheiß sowie Meister Lorenz Schade und Johann Gothart in der causa Hans Kettner. Die Vertreter des Rates hatten erreicht, dass der Schultheiß eine Prämie von zehn Gulden für denjenigen aussetzte, der des Kettner habhaft würde und ihn herbeischaffte. Auch der Rat blieb nicht untätig und schickte den Ratsherrn Wilhelm Leyßner nach Nürnberg, um zu eruieren, ob man den Kettner gefangen nehmen könnte. Gleichzeitig richtete der Bischof ein Schreiben an den Rat der Freien Reichsstadt Nürnberg und bekam auch Antwort. Der Rat war natürlich neugierig auf die Stellungnahme der Nürnberger, die Bürgermeister begaben sich zur Kanzlei, um den Inhalt des Nürnberger Schreibens zu erfahren.

So wichtig dem Rat die Sache offenbar angesichts der vielfältigen Bemühungen war, so enttäuschend ist natürlich, dass der Stadtschreiber sowohl über das Nürnberger Schreiben als auch das Ende der Angelegenheit keine Zeile mehr verliert. Anscheinend deswegen, weil die Sache ergebnislos verlief.

Ein dauernder Zankapfel war das Agieren des Hofschultheißen, vor allem aber des Schultheißen, der ja oberste (bischöfliche) Polizeibehörde in der Stadt war.

Zu Beginn der „Regierungszeit“ Tilman Riemenschneiders als Bürgermeister gingen beim Rat wieder vermehrt Klagen über die Amtsanmaßungen und Übergriffe beider Hoheitsträger ein. So hatte sich der Hofschultheiß Colonatus Munch den Geißhirt im Mainviertel vorgeknöpft, weil dessen Ziegen durch die Landwehr und in die Weingärten gelaufen waren. Die Tiere waren ausgerissen, weil ein Wolf in ihre Herde geraten war. Der Rat fand das Vorgehen des Hofschultheißen bei dieser Sachlage *unbillich* und verhandelte mit ihm. Der sagte zu, sich den Geißhirten anzuhören und sich rechtschaffen zu verhalten, legte dem Hirten dann aber doch eine Geldbuße von 30 Pfennigen für sich selbst und eine weitere für das Gericht von 4 Pfennigen auf. Der Rat fühlte sich ausgeschmiert und beschwerte sich bei den Statthaltern des Bischofs. Die Angelegenheit wurde dann tatsächlich in der fürstbischöflichen Kanzlei erörtert und die Geldbuße trotz des Widerstands der Bürgermeister zwar nicht ganz aufgehoben, aber auf 8 ½ Schillinge Rüggelt zugunsten des Schultheißen herabgesetzt. Wenigstens ein Teilerfolg!

Das neue Jahr 1521 war erst neun Tage alt, als ein Bote des Fürstbischofs Lorenz von Bibra bei den beiden Bürgermeistern und dem Stadtschreiber erschien und sie aufforderte, von *stundan*, also unverzüglich, sich zum Kapitel zu begeben. Als sie dort ankamen, waren seine fürstlichen Gnaden selbst und zahlreiche Kapitelherren schon anwesend. Die hohen Herren erklärten den städtischen Abgesandten, dass sich der Bischof zu einem Zug gegen die Reußenburg entschlossen habe. Dazu müsse der Rat umgehend 300 gewappnete Männer stellen. Das Geschütz des Bischofs solle gezogen, Zimmerleute, Steinmetzen und der Ratsbüchsenmeister mitgenommen werden. Die Ratsherren und die Viertelmeister, aus deren Vierteln je nach Einwohnerzahl die Männer abzustellen waren, beschlossen, *gehorsam zu sein.*

Die Reußenburg auf dem Eichelberg bei dem Dorf Höllrich, im Gebiet des heutigen Truppenübungsplatzes Hammelburg gelegen, war eine Ganerbenburg[85] der Freiherrn und Reichsritter von Thüngen. Sie gehörte zusammen mit anderen etwa 80 Ortschaften, Schlössern, Burgen und Höfen zur Herrschaft des edelfreien fränkischen Adelsgeschlechts mit Stammsitz im Dorf Thüngen, heute Landkreis Main-Spessart. Die Herren der Reußenburg lösten bei ihren Untertanen Angst und Schrecken aus und drangsalierten sie mit Gelderpressungen, Gefängnis, Brand, Raub und Mord. Die Thüngen scheuten auch nicht vor Aktionen in fremden Hoheitsgebieten zurück. Sie fingen gerne auch geistliche und weltliche Untertanen des Würzburger

Fürstbischofs, die außerhalb des Hochstifts unterwegs waren. Niemand war vor ihnen sicher, ob reisende Händler oder Gesandte. Dass ihr Ruf, gelinde gesagt, nicht der beste war, ist nicht verwunderlich. Im Land ging das geflügelte Wort um: „Alle Verbrecher finden Unterschlupf bei den Thüngen auf ihrer Reußenburg." So gewährte Hans-Jörg von Thüngen dem berüchtigten Raubritter Hans Thomas von Absberg Unterschlupf auf seiner Reußenburg und verwahrte für ihn dessen Gefangene. Der rohe Schnapphahn Absberg, wie man seinesgleichen auch nannte, war wegen seiner Dreistigkeit und Grausamkeit der Schrecken ganz Frankens. Er pflegte mit eigener Hand und einer speziell dafür angefertigten Waffe, dem sogenannten „Leuteschinder", seinen Geiseln einzelne oder mehrere Finger, zuletzt oft sogar die ganze Hand abzuhacken. Die Körperteile legte er dann sozusagen als Beweis seiner Ernsthaftigkeit und Untermauerung seinen Lösegeldforderungen bei. Meist waren die Adressaten die Stadt Nürnberg und die „Pfeffersäcke", die reichen Kaufleute der Freien Reichsstadt.

Die Thüngen waren, obwohl Familienmitglieder zeitweise auch hervorgehobene Ämter im Hochstift Würzburg ausübten, den Würzburger Bischöfen wie auch der Erzabtei Fulda zumeist in erbitterter Feindschaft verbunden. Wenn die Thüngen es wirklich zu bunt trieben, waren Würzburger Bischöfe schon mehrfach vor die Reußenburg gezogen, um sie zu belagern und dem Treiben ein Ende zu bereiten. Dabei waren sie aber meist erfolglos geblieben. So war schon Fürstbischof Gerhard von Schwarzburg 1386 nach zweimaligem vergeblichem Versuch wieder abgezogen.[86] 50 Jahre später waren die Dinge so schlimm geworden, dass sich sogar der Kaiser mit dem Problem „Thüngen-Reußenburg" befassen musste. Der erließ ein Gerichtsurteil, mit dem der Würzburger Bischof Johann von Brunn beauftragt wurde, für Ordnung zu sorgen. 1438 mobilisierte der daraufhin 3000 waffenfähige Männer Fußvolk aus seinem Hochstift, wohlgerüstet mit Büchsen, Armbrüsten und anderen Waffen sowie Belagerungsgerät, dazu 1.000 Reiter und belagerte Karl von Thüngen in seiner Reußenburg. Die Stürmung, bei der Konz (Konrad) von Thüngen getötet wurde, musste aber nach fünf Tagen abgebrochen werden, weil die Pest unter den Belagerern ausgebrochen war. Der Chronist vermerkt noch, „hätte der Bischof noch einen Tag länger die Belagerung fortgesetzt, so würde sich die Burg ergeben haben".

Die Reußenburger plagten in der Folgezeit die Bevölkerung schlimmer denn je und beteiligten sich weiterhin an Raubzügen, töteten einen Kapitelherrn des Fuldaer Domes und brachten bei Gemünden ein Schiff des Bamberger Bischofs im Wert von etwa 10.000 Gulden in ihre Gewalt. Wie der schon erwähnte Ritter Götz von Berlichingen in seinen Lebenserinnerungen beschreibt, war er an diesem Raubüberfall seines Verwandten Eustachias von Thüngen auch beteiligt.[87] Die Versuche eines Fuldaer Heeres, die Burg einzunehmen, scheiterten wiederum.

Und jetzt im Jahre 1521, als Tilman Riemenschneider an der Spitze der Stadt stand und der amtierende Fürstbischof Konrad III. einer aus dem Hause Thüngen (!) war, erlaubten sich die Reußenburger Thüngen, etliche Fuldaer Bürger *niderzuwerffen* und auf die Reußenburg zu verschleppen, obwohl diese im Geleitschutz seiner fürstlichen Gnaden von Würzburg unterwegs waren. Der Bischof, man muss es noch einmal betonen, Konrad *von Thüngen*, forderte die Freilassung der Gefangenen, und zwar ohne Lösegeldzahlung. Und als dies ohne Erfolg blieb, entschloss er sich nach eingehender Beratung mit den Herren des Domkapitels, etwaige familiär-verwandtschaftlichen Bedenken beiseite zu schieben und mit einem Heer vor die Reußenburg zu ziehen. Denn das Geleit des Landesherrn zu verletzen, das war unmöglich hinzunehmen. Die Reyß selbst verlief dann offensichtlich ohne jegliche Probleme, schon das Erscheinen des bischöflichen Heeres bewog wohl Hans-Jörg von Thüngen, die Geiseln wieder herauszugeben.

Der Vollständigkeit halber sei noch über das Ende der Reußenburg berichtet. Schwäbische und fränkische Städte hatten sich unter Führung Nürnbergs zum Schwäbischen Bund zusammengeschlossen, um das Raubritterunwesen zu bekämpfen. Denn bereits 1495 hatte der König und spätere Kaiser Maximilian I., der im Jahre 1505 auch Würzburg besuchte, auf dem Reichstag von Worms einen ewiglichen Landfrieden beschließen lassen. An die Stelle des mittelalterlichen Fehdewesens sollten gerichtliche Entscheidungen treten, für Gerechtigkeit sollte das Reichskammergericht sorgen. Aber es dauerte noch lange, bis sich alle an das Verbot der Fehde hielten. Hans Thomas von Absberg, Franz von Sickingen aus dem Nahetal und Götz von Berlichingen aus dem Jagsttal sind wohl die bekanntesten Protagonisten derer, die immer noch „nach alter Väter Sitte" mit Faust und Schwert bestehendes oder eingebildetes Recht durchzusetzen versuchten.

Am 26. Juni 1523 erfüllte sich das Schicksal der Reußenburg. An diesem Tag erschienen die Truppen des Schwäbischen Bundes, die beauftragt waren, insgesamt 23 Raubnester auszuräuchern, mit 10.000 Reisigen zu Fuß, 1.000 Reitern, 100 Kanonen, 30 Büchsen und 900 Zentnern Schwarzpulver vor der Reußenburg und sprengten sie in die Luft. Zwei Jahre später machten die Aufständischen im Bauernkrieg die Reste der Burg dem Erdboden gleich.[88]

Die Bürgermeister Tilman Riemenschneider und Jorg Moring ersuchten in den ersten Amtswochen des Januar 1521 um eine Audienz beim gnädigen Herrn *uffen berg*. Sie hatten eine ganze Reihe von Beschwerden im Gepäck, die sich in der letzten Zeit angesammelt hatten.

Zum Ersten ging es dabei um den Schmied des Rates, der in den Weihnachtsfeiertagen mit mehreren Kollegen ein paar Schoppen im Gasthaus „Zun Knopfen“ bei der Wirtin Barbara Eichelberger genossen hatte. Der Frankenwein machte die Gäste locker und lockerer, was man ja heute noch kennt, aber schließlich so agressiv, dass sie gegen den Ratsschmied *mutwillen* übten. Und dies ging sogar so weit, dass er sich *leibsnott weren* musste und einen seinen Widersacher dabei verletzte. Daraufhin, so beklagte sich der Ratsschmied, sei der Schultheiß in sein Haus eingedrungen und habe alles, was er vorfand, auch wenn es ihm, dem Schmied nicht gehörte, aufgelistet, um es später zu pfänden. Um noch Schlimmerem zu entgehen, habe er sich in Sicherheit gebracht und wolle nun das Ganze in einem ordentlichen rechtlichen Verfahren klären lassen.

Auch den Fall des Brückenzöllners, der vor das Stadtgericht geladen war und bei dem sich der Schultheiß nicht mit den ihm zugesprochenen 8 ½ Pfennigen zufriedengeben wollte, sprachen die Vertreter des Rates beim hohen Herrn an. Der Bischof sagte den Bürgermeistern zu, den Fällen nachzugehen und für Recht zu sorgen.

Und schließlich brachten sie noch die Übergriffe des Schultheiß gegen eine gewisse Niclas Heuserin vor, der er die Schöffen und Büttel ins Haus geschickt und alles, was sie besaß, hatte anschreiben lassen. Und dies, obwohl sie nicht mit Recht überwunden war, das heißt, ihr angebliches Vergehen nicht in einem Rechtsverfahren festgestellt worden war. Der Schultheiß verstieß daher eindeutig gegen das alte

Herkommen. Ein solches Vorgehen, die Bürger gegen das Recht zu vergewaltigen, so betonten die beiden Bürgermeister, stelle eine große Beschwernis dar, und fügten klug noch eine Bemerkung hinzu, die den Bischof als Kirchenmann ansprechen sollte. Denn sie erklärten, dass die Bürger durch derartiges unrechtmäßiges Handeln der Obrigkeit ihren Glauben verlören und nimmermehr zu dem Glauben, den sie vorher gehabt hätten, zurückkommen könnten. Damit hatten sie Erfolg. Der Bischof stellte nämlich fest, es sei noch nie seine Meinung gewesen, dass jemand vergewaltigt oder ihm Unrecht geschehen solle, er wolle solches künftig verhindern.

Dann hatten sich Bürgermeister Riemenschneider und Moring und der Rat mit einem heiklen Thema zu beschäftigen. Der bischöfliche Rat Hans von Guttenberg und der Fiscal des Domkapitels beanstandeten die unhygienischen Zustände auf dem Friedhof der Dompfarrkirche. Der befand sich damals auf dem Gelände des heutigen Kiliansplatzes zwischen Dom und Neumünster und diente den Würzburgern als Begräbnisstätte. Nach Auffassung der hohen Herren waren die Leichen nicht tief genug bestattet. Man müsse daher befürchten, dass deswegen in der kommenden Sommerzeit wieder mehr Leute sterben würden. Das Gelände müsse aufgeschüttet werden, und dazu habe der Rat zwei Pferde bereitzustellen, eines dem Rat, das andere dem Spital gehörend. Wegen der Fuhrleistungen wollten sich die geistlichen Herren selbst mit den Kärrnern, den Fuhrleuten, einigen. Dann könne auch der neue Friedhof vor dem Stephanstor am nächsten Sonntag geweiht werden. Bis zur Verwesung der Leichen dürfte dann die nächsten drei, vier oder fünf Jahre niemand mehr auf dem Domfriedhof begraben werden, nur noch auf dem neuen Friedhof vor dem Stephanstor.

Der Rat wusste nicht so recht, wie er sich dazu verhalten sollte, wollte auch nicht ohne Beratung mit den Viertelmeistern eine Entscheidung treffen und beauftragte, wie so oft, die Bürgermeister und den Stadtschreiber, zunächst das Gespräch mit dem edlen Herrn von Guttenberg zu suchen.

Als nächstes wurde dann der Totengräber, der immerhin schon sechs Jahre sein Amt ausübte, zu dem Problem befragt. Der gab an, dass er in den letzten beiden Jahren 852 oder 853 Personen begraben hätte, und zwar alle tief genug. Und wenn man das bezweifle, so könne er alle zum Beweis wieder ausgraben. Außerdem könne er, falls man ihm das gestatte, in Richtung Neumünster weitere 600 Menschen ordentlich bestatten. Dies beeindruckte den Rat, und er beschloss einstimmig, die gnädigen Herren zu bitten, die Bürger und Bürgerinnen weiterhin dort begraben zu lassen, wo auch ihre Eltern lägen. Denn die Friedhöfe waren seiner Zeit vornehmlich Orte des Gedenkens und des Fürbittgebetes für die Toten, deren Seelen als Arme Seelen im Fegefeuer büßen. Und schließlich habe man bei dem großen Sterben vor 27 Jahren auf dem Domfriedhof 1700 Menschen begraben, und habe Platz dazu genug gehabt.

Mitte April sprachen die beiden Bürgermeister beim Oberrat vor. Der hatte nämlich einen Pflastermeister in Dienst genommen, um die Judengasse, die heutige Schustergasse, und die Gasse bei der Schartten, die heutige untere Eichhornstraße, pflastern zu lassen. „Zu lassen" bedeutete, dass die Stadt sowohl die Pflastersteine als auch die Straßenarbeiter hätte stellen müssen. Tilman Riemenschneider und Jorg Moring trugen dem Oberrat auftragsgemäß vor, dass der Rat zwar mit der Verbesserung der Judengasse, im Hinblick auf die derzeitigen schweren Zeiten aber nicht mit dem Pflastern der Gasse bei der Schartten einverstanden sei. Und dann konnten sie sich einen Seitenhieb nicht verkneifen: Man möge nämlich, wenn man künftig noch mehr pflastern lassen wolle, den Rat *zeytlich* informieren.

Einen Monat später kam es in der Stadt zu nächtlichen Gewalttaten. Der Goldschmied Jobst Leupold wurde am Abend Philippi et Jacobi, dem 1. Mai, bis auf den Tod verwundet, seine Magd ins Haus gezogen und vergewaltigt. Weitere Übergriffe, die stattgefunden hatten, ließ der Rat schriftlich festhalten und trug sie zunächst den Statthaltern des Bischofs und dem Domkapitel vor mit dem Hinweis, dass jetzt im Mai die Abendtänze und andere *leichtvertigkeytt* angingen. In der Gemeinde braue sich etwas zusammen, es werde schon darüber geredet, selbst für Ordnung zu sorgen, falls die Obrigkeit nicht Abhilfe schaffen würde. Die Bürgermeister, Rat und Viertelmeister jedenfalls, so erklärten sie, wollten, wenn der Oberrat ihnen das befehle, alles in ihrer Macht Stehende tun, solch *unrate* zu verhindern.

Die Straftaten hörten nicht auf

Der Sohn des Viertelmeisters des Mainviertels, Hans Saum, wurde vom Truchsess und einem Reisigen namens Seher auf den Stufen zum Dom mit einem Schwert in der Scheide einmal, zweimal oder sogar dreimal auf den Kopf geschlagen. Auch Kürschnergesellen waren von den beiden geschlagen worden. Ein anderer Fall hatte sich im Frauenhaus zugetragen. Ein Geselle, der dort gerade „zu Besuch" war, war von Reisigen *geschatzt*, also zur Herausgabe von Geld gezwungen worden. Weitere Untaten zählten die Bürgermeister dem Bischof auf, die in seiner Abwesenheit geschehen waren. Die Antwort seiner Gnaden lautete: Sein Gnade habe *ob solchem ganntz kein gefallen*, er wolle sich der Vorfälle kundig machen und so darauf reagieren, dass man seiner Gnaden Missfallen spüren werde.

Eine weitere Angelegenheit, die den Bürgermeister Tilman Riemenschneider ganz besonders „auf die Palme" brachte, war das im wahrsten Sinn des Wortes unverschämte Verhalten der Schottenmönche. Das St. Jakobus geweihte Benediktinerkloster, das Schottenkloster genannt, befand sich auf der linken Mainseite oberhalb der Deutschhauskirche. Von 1506 bis 1516 wurde es von dem berühmten Abt Johannes Trithemius geleitet.

Riemenschneider berichtete im Rat, wie einige Mönche mit Leitern über die Klostermauern gestiegen waren und Nüsse von den städtischen Nussbäumen heruntergeschlagen hatten. Das Ratsprotokoll vermerkt dazu, dass diese Untat Bürgermeister Riemenschneider und Rat *swere bewogen* hätten. Man betonte, dass das Aus- und Einsteigen, wahrscheinlich aber auch der Diebstahl der Nüsse *nicht zu gedulden sei,* und beschloss, den Vorfall sowohl vor die gnädigen Herrn Statthalter als auch das Domkapitel zu bringen.

Das Bild, wie die Schottenmönche in ihren Kutten über die Klostermauern klettern, die Nüsse mit Stöcken abschlagen und dann mit ihrer Beute wieder hinter den Mauern verschwinden, dürfte uns Heutíge eher zum Schmunzeln bringen als dass man es so ernst nehmen könnte wie seinerzeit Bürgermeister und Rat. Aber die verstanden offensichtlich keinen Spaß, wenn sich jemand an städtischem Eigentum vergriff. Zumal es die Schottenmönche waren, die schon vor einigen Jahren vom Kloster herab bis zum Altwasser städtischen Grund in Besitz genommen hatten. Es wird auch über die Vermutung berichtet, die Mönche hätten die Klostermauern nicht nur zum Diebstahl der Nüsse überwunden, sondern der eine oder andere Mönch hätte seine Schritte weiter in die Stadt gelenkt und sich zum Frauenhaus „Zum Esel" im heutigen Inneren Graben „verlaufen".

Die durchaus abwechslungsreiche und keinesfalls langweilige Amtszeit Tilman Riemenschneiders als älterer Bürgermeister endete turnusmäßig mit der Wahl der neuen Bürgermeister am Dienstag nach Martini 1521. Und ebenso, wie üblich, entsandte der Rat den ausscheidenden alten Bürgermeister in den Oberrat, zusammen mit den Ratsherren Paul Gothart und Hans Hornung. Dazu kamen noch von Seiten der Gemeinde der Viertelmeister des Kresser Viertels Kilian Wasserfurer, der Häcker Hans Mulich, der Metzger Fritz Kemnater und der Bäcker Baltasar Schwenker.

Mitglied im Oberrat

Nachdem die Vertreter des Rates und der Gemeinde ihr Pflichtgelöbnis vor dem Domkapitel (!) geleistet hatten, konnten sie ihren Sitz im Oberrat einnehmen. Die Amtszeit für die städtische Abordnung dauerte, wie üblich, ein Jahr, von November 1521 bis November 1522.

Im Januar 1522 wandte sich der Rat hilfesuchend an den Oberrat. Es ging um die Löschwasserversorgung und die Fische im Stadtgraben. Der Baumeister hatte in der letzten Ratssitzung berichtet, dass der Stadtgraben zu wenig Wasser führe. Man lasse zur Zeit kein Wasser in den Graben laufen, denn wenn man die Absperrungen öffne, sei der Graben gleich wieder verstopft. Und wenn die Januarkälte noch lange andauere, würden das auch die Fische nicht überleben. Besonders ärgerlich fand der Baumeister das Verhalten des Baders zum Loch und des Oberratsknechts. Die Badstube lag, eine genauere Lokalisation ist leider nicht möglich, an der Nordostseite der Innenstadt, vielleicht im Gebiet Grabenberg, Kolping- und Oberthürstraße. Daraus ist in etwa zu erkennen, um welchen Stadtgrabenabschnitt es sich handelte, nämlich den entlang der unteren Theaterstraße. Der Baumeister hatte eine Rinne über den Graben gelegt, und das hatte immerhin an die 30 Gulden gekostet. Und die Rinne hatte er auch *allennthalben verschlossen.* Aber der Oberratsknecht hatte dem Bader zum Loch einen Schlüssel dazu gegeben, und der stieg, wohl immer wieder, in die Rinne und beschädigte sie. *So fewr außkeme,* könne daher kein Löschwasser in die Stadt geleitet werden.

Der nächste Eintrag von Ende Februar vermerkt das Gesuch des Rates an den Oberrat, das Pflastern der Gasse bei der Schartten aufzuschieben. Zwar hatte der Rat vor einem Jahr beschlossen, *sich zu schicken zu pflastern,* also sich darein zu schicken. Nun sollten aber die Bürgermeister den hohen Herren des Oberrates „beibringen“, dass es in diesem Jahr unmöglich sei angesichts des *hartt gewitter,* der sehr schlechten Witterung, und der Aufgabe, die Stadtmauer im Mainviertel zu bauen. Auch wenn wir über den Erfolg der Petition nichts erfahren, können wir uns vorstellen, wie die Abstimmung erfolgte: Die städtischen Vertreter, darunter Tilman Riemenschneider, stimmten sicherlich für den Aufschub, die geistliche Seite dagegen und bei dieser Stimmengleichheit entschied der bischöfliche Schultheiß die Sache mit seiner Stimme zugunsten der geistlichen Partei.

Im März 1522 beschäftigte sich der Rat mit der Entlohnung der Weinbergsarbeiter. Rat und Viertelmeister beschlossen in mehrheitlicher Abstimmung, künftig die Schnitter, die die Reben fachgerecht schneiden, mit 18 Pfennigen, die Enträumer, die das Schnittgut sammeln und wegtragen, mit zwölf Pfennigen, die Rebenleser, die die Trauben ernten, mit zehn Pfennigen, und mit 21 Pfennigen die Häcker, die den Boden der Weinberge bearbeiten und hacken, zu entlohnen.

Natürlich war für die Festsetzung von Arbeitslöhnen nicht der Rat der Stadt, sondern der Oberrat zuständig. Der Beschluss ist daher als Vorschlag für das zuständige Gremium anzusehen. So ersuchte der Rat dann auch den Oberrat, die vorgeschlagenen Löhne auf dem Markt *frei unnd ernnstlich* auszurufen und mit Strafandrohung zu gebieten, dass bei der Bezahlung der Weinbergsarbeiter die Löhne eingehalten werden. Außerdem solle den Arbeitern weder Essen noch Trinken in die Arbeit geschickt werden, aber *nachts mag einer einem einen trunck* geben.

Im Nachgang ersuchte der Rat im Mai noch den Oberrat, auch den Lohn für die, die *mit dem pfel stossen,* wohl die Weinbergsarbeiter, die neue Weinbergspfähle setzen, festzusetzen.

Ersatzbürgermeister

Tilman Riemenschneider hatte sich als älterer Bürgermeister offensichtlich großen Respekt und hohe Anerkennung erworben. Denn als der jüngere Bürgermeister Peter Weyer im Frühjahr 1522 abwesend war, weil er die Frankfurter Messe besuchte, beschloss man, den *eltter burgermeyster* Tilman Riemenschneider, *der vor einem jar gewest,* dem jetzt amtierenden älteren Bürgermeister Conrad Ochsner als Hilfe zur Seite zur stellen.

So kam es, dass neben Ochsner auch Riemenschneider, *ime zugegeben*, am Mittwoch, dem 16. April, im Rat berichtete, wie sie von den Statthaltern des gnädigen Herrn und dem Kapitel beschickt worden waren und ihnen Folgendes befohlen wurde:

Bis zum nächsten Tag, Donnerstag, 17. April, haben Bürgermeister, Rat und Viertelmeister 200 wohlgerüstete Männer mit Harnischen, Büchsen, langen Spießen und Hellebarden, auch Wagen, Pferde und alles, was für einen Feldzug nötig ist, auf dem Judenplatz bereitzustellen. Das Ziel des Kriegszugs wurde ihnen nicht bekanntgegeben, sondern nur angegeben, die Männer sollten dorthin ziehen, *dohin sie beschiden werden.* So musste nun das Dietricher Viertel 40 Reisige aufbieten, Bastheim sechs Männer und einen Wagen, Sand 38 Bewaffnete, das Mainviertel 24 Reisige sowie einen Wagen, Vorder Kressen ebenso viele Männer, Pleichach 15 Gerüstete und einen Wagen, Gänheim 24 Gewappnete, ebenso viele Haug sowie einen Wagen. Auch der Rat sollte einen Wagen stellen, desgleichen der Spitalmeister und dabei zwei Halbschlangen mitführen lassen. Dazu aufgeboten wurden noch der Ratsherr Hans Woltz und Meister Hans Schiler, der Ratsschmied, der die Büchsen zu warten hatte, sowie zur Verpflegung der Mannschaft Meister Peter, der Koch.

Als ein kleines Problem stellte sich noch die Wahl eines Hauptmanns der Viertel dar. Die Viertelmeister konnten sich nicht auf einen Kandidaten einigen, so dass ihnen nichts anderes übrig blieb, als die Wahl vor dem Rat durchzuführen. Mehrheitlich wurde dann der Viertelmeister Hans Schneider als Feldhauptmann *von virteyls wegen* bestimmt. Hans Schneider, Stefan Sorg als „bischöflicher" und Cristof Schorre von Rats wegen Feldhauptmänner zogen dann am Gründonnerstag mit den 200 Gewappneten zunächst bis Gemünden, anschließend nach Schlüchtern vor die etwas oberhalb des Dorfes gelegene Burg Brandenstein. Damit war das Ziel der Unternehmung klar.

Dort lebte und „wirkte" nämlich der berühmt-berüchtigte Ritter Mangold II. von Eberstein, den man mit Fug und Recht als Raubritter bezeichnen kann. Auch er pflegte, so wie die bereits erwähnten Thomas von Absberg und Franz von Sickingen, Bürger der von ihm befehdeten Städte zu überfallen, sie auszurauben oder festzusetzen, um

Lösegeld zu erpressen. Wenn man selbst nicht in der Lage war, seine Ansprüche gegen einen mächtigeren Gegner durchzusetzen, konnte man sich auch der Dienste dieser Schnapphähne bedienen. Mangold von Eberstein gewährte gerade der Nürnberger Kaufmannswitwe Agathe Odheimer und ihrer Tochter Helene, die angeblich eine „offene Rechnung" gegen die Reichsstadt Nürnberg hatten, Wohnung und Schutz auf seiner Burg. Zunächst hatte er der Reichsstadt Nürnberg in einem Brief mitgeteilt, er sei der Schutzherr und Gönner der beiden Damen bei deren Forderungen. Da dies nicht zum Erfolg führte, war er vor drei Jahren zu der zwar verbotenen, aber bewährten Methode übergegangen: Er führte im Namen der Agathe Odheimer eine Fehde gegen die Reichsstadt Nürnberg. Sie ging als „Ebersteiner oder Brandensteiner Fehde" in die Geschichtsbücher ein. Mangold hatte inzwischen eine ganze Reihe Nürnberger Bürger überfallen und hielt sie unter Androhung von Folter, von der er auch durchaus Gebrauch machte, auf seiner oder Burgen befreundeter Adeliger gefangen. Als der Kaiser die Acht über ihn verhängte, rückte ein Heer unter Führung des Landgrafen Georg von Wertheim, zu dem auch der Würzburger Bischof und damit die Stadt Würzburg ein Kontingent Reisiger stellen musste, im Frühjahr 1522 vor die Burg. Sie wurde kampflos eingenommen und teilweise zerstört. Mangold hatte sich kurz vorher zu seiner Schwester und seinem Schwager, der Familie von Hutten, auf die Steckelburg abgesetzt, deren Ruine heute in Schlüchtern-Vollmerz im Main-Kinzig-Kreis zu finden ist. Noch im selben Jahr fiel er als Mitstreiter Franz von Sickingens bei der Eroberung der kurtrierischen Stadt St. Wendel im Saarland, in einem der Kämpfe Sickingens mit dem Erzbischof von Trier, dem Kurfürsten Richard von Greiffenklau.

Wieder Kapellenpfleger

Wie vor zwölf Jahren wurde Tilman Riemenschneider im Anschluss an seine Oberratstätigkeit am 12. November für die Jahre 1522–1524 mit dem einen der beiden Pflegerämter für die Marienkapelle betraut. Der Ratsherr Philipp Heistner hatte seine zweijährige Dienstzeit beendet, sein Kollege Michel Zirckel blieb noch ein Jahr im Amt.

Die beiden Kapellenpfleger waren das erste Mal gefragt, als sich der Stadtschreiber Martin Cronthal mit einer persönlichen Bitte an sie und den Rat wandte. Er hatte *lanndsmannweyß*, also inoffiziell und beiläufig, gehört, dass ein gewisser Caspar Meun, bisheriger Inhaber eines Beneficiums in *Unnser Liben Frawen Capellen*, verstorben war. Das Präsentierrecht, einen neuen Nutznießer dieser kirchlichen Pfründe vorzuschlagen, stand dem Rat zu. Und Martin Cronthal bat nun, bevor ein anderer zum Zuge käme, dem gnädigen Herrn Bischof *umb Gots willen* einen seiner Söhne vorzuschlagen. Er verwies dabei auf seine jahrelangen Verdienste um die Stadt und die Gemeinde von Würzburg. Rat und Kapellenpfleger verschlossen sich dem Anliegen nicht und sagten zu, das in ihrer Macht Stehende zu tun. Der Stadtschreiber nahm dieses Versprechen *dannckbarlich* an. Und er hatte gut daran getan, sich rechtzeitig die Zusage des Rates und der Kapellenpfleger zu sichern. Denn kurz darauf erschienen der Domherr und Ritter Jheronimus Schenk, in seinem Schlepptau Meister Lorenz Schad, der Schreiber der bischöflichen Kanzlei, und baten ebenfalls um die Pfründe, und zwar für den Sohn des Kanzleischreibers.

Sie hatten auch etwas zur Unterstützung ihrer Bitte vorzuweisen, nämlich einen entsprechenden Befehl des Statthalters seiner Gnaden. Der Rat entgegnete, bevor und ehe die Herren an den Rat herangetreten wären, hätten Rat und Kapellenpfleger schon dem Stadtschreiber zugesagt. Der Rat redete den Antragstellern so gut zu, dass Meister Lorenz seine Bewerbung zurückzog und sogar erklärte, er gönne es seinem „Kollegen" Stadtschreiber, stünde mit ihm in Einigkeit und wäre *dessen wol zufriden.*

Die Orgel in der Kapelle, besser der Organist mit Namen Johann Gerlach, machte den Kapellenpflegern in der Folgezeit eine Menge Ärger und Arbeit. Der war vor gut zwei Jahren ins Amt gekommen. In einer *zimlichen verschreybung,* einem förmlichen Kontrakt, hatte man ihm die Stellung als Organist auf Lebenszeit des Bischofs zugesichert. Als Lohn war ein Jahresgehalt von 16 Gulden vereinbart. Im Gegenzug verpflichtete sich Gerlach, die Orgel instand zu setzen und sie in *gutem wesen* zu halten. Zunächst verschwand er aber aus der Stadt nach Nürnberg, ohne dass er die Pfleger davon in Kenntnis gesetzt hätte, geschweige denn, dass sie ihm „Urlaub" gewährt hatten.

Seine Pflichten, die Orgel zu spielen und sie zu warten, hatte er höchst ungenügend erfüllt. Der Rat beschloss mehrheitlich, sofern er überhaupt wieder nach Würzburg komme, ihn vorzuladen, anzuhören und je nachdem, wie seine Antworten ausfallen würden, weitere Entscheidungen zu treffen. Und Gerlach erschien tatsächlich wieder, wurde, wie beschlossen, vor den Rat geladen, und ihm wurde vorgehalten, dass er seinen Vertrag nicht erfüllt und die Orgel *wust* habe liegen lassen. Wer nun geglaubt hatte, dass Gerlach sich reumütig zeigen würde, sah sich getäuscht. Er wies die Vorwürfe wortreich zurück und führte *vil unnutze und vergebene rede*, es geschehe im Unrecht. Er habe ausrichten lassen, dass er nicht hier sein werde und niemand dürfe behaupten, er habe die Orgel nicht ordnungsgemäß versorgt. Als aber der Rat darauf bestand und ihm vorwarf, er habe nachweislich seine Plichen vernachlässigt, ging er zum Gegenangriff über: Er wolle den Rat zwar nicht schief anschauen, aber die Herren gingen nicht zur Kirche und würden immer wieder die Sitzungen schwänzen, obwohl zum Eide geboten wäre. Verletzend und verächtlich waren seine Worte. Der Rat bedeutete ihm, sich erst einmal zu bedenken und bei Gelegenheit wieder Antwort zu geben. Die Kapellenpfleger wurden beauftragt, die Orgel zuzuschließen und Gerlach nicht mehr hinauf zu lassen.

Damit war die Angelegenheit aber beileibe noch nicht beendet. Der Kapellenpfleger Michel Zirckel berichtete nämlich, dass er Gerlach seine Entlassung mitgeteilt habe, dieser aber im Gegenteil gefordert habe, ihm die Orgel wieder aufzuschließen, damit er sie auf die kommende heilige Zeit, die Osterfeiertage, zurüsten könne. Nachdem Zirckel ihn nochmals darauf hingewiesen hatte, dass er außer Diensten war, wurde Gerlach ausfällig und sagte: Im Rat seien 24 Mann, die seien *eyttel lauter buffel,* das bedeutete nutzlose eingebildete Dummköpfe. Er werde alle 24 des Rats auf einen Zettel schreiben unter einen (gezeichneten) Esel, und den Esel für das *arßloch* halten und den Zettel an die Domtüre nageln. Ein solcher Esel galt als ein deutliches Zeichen für Hohn und Spott.

Das hat der Rat natürlich *swere bewogen* und er beschloss, sich klageführend sowohl an den Bischof als auch an das Kapitel zu wenden.

Zwischenzeitlich war im April 1523 Michel Zirckel gestorben. Tilman Riemenschneider erhielt mit seinem Ratsherrnkollegen Jorg Spon einen neuen Partner, und beide wurden beauftragt, noch einmal einen Einigungsversuch mit Johann Gerlach zu unternehmen. Aber auch dies hatte keinen Erfolg, Gerlach schlug die ihm angebotenen 40 Gulden für seine bisher geleisteten Dienste aus. Der Rat hatte keine

Lust mehr, sich mit Gerlach zu behängen und beschloss, zwar nur mehrheitlich, ihm gar nichts zu geben und die Lösung des Problems beim gnädigen Herrn zu suchen.

Wie und ob dort ein Ergebnis gefunden werden konnte und ob an den Osterfeiertagen ein Orgelspiel ertönte, erfahren wir nicht. Gerlach war man offensichtlich aber los. Denn Anfang August wird im Protokollbuch festgehalten, dass Hans Wolz, der Stadtsteinmetz, probeweise für ein Jahr um einen Zusatzlohn von 10 Gulden als Organist verpflichtet wurde. Der Rat legte ihm dabei besonders an Herz, nach seinem Vermögen nicht nur die Orgel zu spielen, sondern sie zu warten und notfalls auch auszubessern. Was er dazu benötige, würden ihm die Kapellenpfleger zur Verfügung stellen. Damit enden die Berichte über die „Orgelquerelen" in der Kapelle.

Im Februar wurde Tilman Riemenschneider in eine Kommission berufen, die sich mit den jahrelangen Grenzstreitigeiten mit den Randersackerern befassen musste. Randersacker war offensichtlich kein einfacher Nachbar. Meist ging es um die Frage, wo die genaue Grenze zwischen Würzburger und Randersackerer Markung verlief. Das spielte zum Beispiel für die Besteuerung der Weinernten eine entscheidende Rolle. Randersacker belegte die Weinbergslage Totengrab südlich des Neubergs mit Steuern, ebenso Weingärten in der Schneckenau, einer Tallage zwischen der Stadt und der Gemeinde, wofür Randersacker sogar für 16 Jahre rückwirkend Steuern verlangte. Auch für die Weinberge am Karrenpfad, dem heutigen Abtsleitenweg Richtung Main, wollten sie Steuern erheben. Würzburg vertrat nachdrücklich den Standpunkt, dass es sich allesamt um Würzburger Markung handele und die Randersackerer weder *fuge noch recht* hätten, diese Weingärten zu besteuern.

Dann bemerkte man, dass der Hirte aus Randersacker, nach seiner Aussage auf Befehl seiner Gemeinde, seine Tiere auf Würzburger Gebiet bis an die Brücke an der Fähre nach Heidingsfeld trieb und dort weidete. Damit nicht genug. Auch im Alandsgrund machten einige Würzburger Bürger Bekanntschaft mit *den von Rannderßacker.* Nach altem Herkommen brachen sie sich dort Steine für ihren Hausbau. Die Randersackerer fingen sieben von ihnen ein mit der Behauptung, auch dieses Gelände liege auf ihrer Mark. Würzburg dagegen wies darauf hin, dass es sich um einen gemeinen Flecken handle, also mitnichten den Randersackerern zustünde.

Beschwerden der Würzburger beim Landesherrn, Ortstermine und Güteverhandlungen von Räten des Fürstbischofs und des Kapitels, auch ein Vergleichsvorschlag des Würzburger Rates führten nicht zu einem Ergebnis. Die Sache wurde anhängig gemacht beim Reichskammergericht, dem höchsten Gericht im Heiligen Römischen Reich, bei dem sich die Stadt durch den aus Kitzingen stammenden, am Gericht als Prokurator (Anwalt) tätigen Christoph Hitzhofer vertreten ließ.

Weder enthält das Ratsprotokoll eine Notiz über den Schiedsspruch des Bischofs noch über den Ausgang des Gerichtsverfahrens. Letzteres ist aber auch nicht verwunderlich, denn die Entscheidungen des Reichskammergerichts ließen oft viele Jahre und mitunter auch Jahrzehnte auf sich warten. Die Akten wurden angeblich, soweit sie nicht sogar an der Decke hingen, um vor Mäusefraß gesichert zu sein, auf der Aktenbank immer weiter nach hinten, sprichwörtlich „auf die lange Bank" geschoben.

Das nächste Problem, das sich den Kapellenpflegern stellte, ergab sich durch die plötzliche Absage der Predigermönche, der Dominikaner, die vier wöchentlichen Messen in der Marienkapelle zu lesen. Riemenschneider und Jorg Spon wurden beauftragt, eine Ersatzlösung mit den Frauenbrudermönchen, den Brüdern der allerseligsten Jungfrau Maria vom Berg Karmel, kurz Karmeliten genannt, zu finden.

Ein gewisser Hans Keilholz hatte ein ihm von der Kapelle eingeräumtes Darlehen zurückbezahlt, die Summe war nun frei verfügbar. Dafür interessierte sich sofort der Ratsdiener Hans. 20 oder 30 Gulden sollten es sein, sein Haus in der Wöllergasse, der heutigen Oberthürstraße, bot er als Sicherheit an. Der Rat war grundsätzlich bereit, ein Darlehen in Höhe von 20 Gulden zu geben, war sich aber über die Werthaltigkeit des Pfandes nicht im Klaren. So wurden die Kapellenpfleger zu einer Ortseinsicht abgesandt, das Haus zu besichtigen und sich eine Vorstellung über den Wert zu machen. In der Marienkapelle, die ja bis heute keine eigene Pfarrei mit Pfarrer besitzt, wurden nicht nur die Messen von Angehörigen der Würzburger Ordensgemeinschaften gelesen. Auch die gesangliche Umrahmung der Gottesdienste und das Salve Regina, das nach der Vesper oder dem Komplet gesungen wurde, erbrachte als „Dienstleister" der Schulmeister des Domes mit seinen Schülern. Als 1523 der alte Domschulmeister sein Amt an den neuen übergab, erschienen die beiden bei den Kapellenpflegern und forderten ihren Lohn für das vergangene Jahr 1522. Die Witwe des verstorbenen Amtsträgers Michel Zirckel wies aber das handschriftliche Tagebuch ihres Mannes vor, in dem er die Lohnzahlung bereits unter der Rubrik „Ausgaben“ als getätigt eingetragen hatte. Das traf aber offensichtlich nicht zu, vielleicht hatte er bereits seine Absicht zu bezahlen, in das Rechnungsbuch eingetragen. Jedenfalls beschloss der Rat mit Mehrheit – ganz unstrittig war die Sache also nicht –, dass die Witwe Zirckel die Domschulmeister noch auszubezahlen hatte.

Das Jahr 1523 neigte sich zu Ende und in Vorbereitung der anstehenden Neuwahlen um Martini legten auch Tilman Riemenschneider und Jorg Spon am 9. November ihre Rechnung über alle Einnahmen und Ausgaben als Kapellenpfleger ab. Der Rat war aber schon wieder einmal wie seinerzeit bei der Baumeister- und der Fischermeisterrechnung nicht ganz zufrieden, er beschloss, man wolle *uber di rechnung verordnen unnd besichtigen lassen,* das heißt, sie im Einzelnen überprüfen.

Die zweite Hälfte seiner Amtszeit belastete Tilman Riemenschneider wohl nur noch mit weniger wichtigen Angelegenheiten, die es wohl nicht wert waren, im Ratsprotokoll festgehalten zu werden. Jedenfalls tauchen keine Notizen über das Handeln der Kapellenpfleger mehr auf. Der nächste und zugleich letzte Eintrag datiert bereits vom 9. November 1524 und betrifft die Jahresrechnung für 1523. An dieser hatte der Rat sein *gnugen,* war daher im Prinzip damit einverstanden. Es war aber nicht das meist erklärte *gutt gnugen,* und der Rat fügte schon wieder *uff besichtigung* hinzu.

Erneut Kapellenpfleger

Fünf Tage später, am 14. November 1524, wurden Tilman Riemenschneider und Jorg Spon trotzdem erneut zu Kapellenpflegern für die nächsten beiden Jahre gewählt. So schlecht konnte also die „Besichtigung“ des Protokolls nicht ausgefallen sein.

Für das Jahr 1525 werden die Nachrichten über die Kapellenpfleger noch seltener. Im Januar wies der Rat sie an, die Kirchnerin noch eine Zeit lang weiter zu beschäftigen, soweit sie sich mit ihr noch behelfen könnten. Aber ein besonderes *auffsehenn,* also ein wachsames Auge, sollten die Pfleger schon haben. Falls ihnen die Arbeitsleistung der Kirchnerin nicht ausreiche und sie einen geeigneten Bewerber fänden, sollten sie das dem Rat anzeigen. Und das geschah schneller als der Rat gedacht hatte. Innerhalb von vier Wochen präsentierten die beiden Pfleger mit einem gewissen Jorg Butten einen ihnen geeignet erscheinenden Kandidaten und erhielten die Ermächtigung, mit ihm einen Arbeitsvertrag auszuhandeln.

Das sind die letzten Berichte des Ratsprotokolls über die Arbeit Tilman Riemenschneiders und Jorg Spons als Pfleger *Unnser liben frawen capellen.*

Das Ende

Und das waren gleichzeitig die letzten Nachrichten überhaupt, die im Ratsprotokoll über den Ratsherrn und Bürgermeister Tilman Riemenschneider zu finden sind. Denn ab Mitte März 1525 hält der Stadtschreiber nur noch die sich überschlagenden Ereignisse im unmittelbaren Vorfeld des auch Würzburg erreichenden Bauernkrieges fest. Die Ratssitzungen folgten in kürzesten Abständen: Am 28. März fanden sogar zwei Sitzungen an einem Tag statt, falls sich Martin Cronthal nicht im Datum geirrt hat. Am 4., 5., 11., 12. und 13. April saßen die Ratsherren mit den Viertelmeistern zu Rate und zerbrachen sich den Kopf über all die Nachrichten und Gerüchte, die sich überall in der Stadt verbreiteten, über die Empörungen und Unruhen bei den Bauern und den Einwohnern der Stadt Würzburg, über die Ergebnisse der zahlreichen Besprechungen und Verhandlungen mit dem gnädigen Herrn und den Herren des Domkapitels, über die heranrückenden Bauernhaufen und letztlich immer wieder über die Frage, wie man sich zu der Obrigkeit und den Aufständischen verhalten sollte.

Mit der Niederschrift über die Ratssitzung vom 13. April 1525 bricht die Protokollführung des Stadtschreibers ab, im Ratsprotokoll Band 9 heutiger Bezeichnung folgen nur noch leere Blätter, sechs an der Zahl.

Das weitere Schicksal des Bürgers, Ratsherrn und Bürgermeisters Tilman Riemenschneider ist an dieser Stelle schnell erzählt: Nach erfolglosen, mit großen Menschenverlusten bitter bezahlten Erstürmungsversuchen der Burg Unserfrauenberg, der vollständigen Vernichtung der fränkischen Bauernheere oberhalb Königshofens im Taubertal und bei Sulzdorf und Giebelstadt im Ochsenfurter Gau ergab sich am 6. Juni 1525 die Stadt Würzburg auf Gnade und Ungnade und öffnete kampflos ihre Tore den Truppen des Schwäbischen Bundes.

Am Donnerstag, den 8. Juni 1525, ritten frühmorgens Kurfürst Ludwig und Herzog Ottheinrich, Pfalzgrafen bei Rhein, Graf Wilhelm von Fürstenberg, Herzog Ludwig, Kurfürst und Erzbischof von Trier, und natürlich auch der Würzburger Landesherr, Bischof Konrad III. von Thüngen, in die Stadt ein und ließen keine Gnade walten. Sie zeigten ihre Rache mit ganzer Härte: Bürgermeister, Stadträte und die männlichen Bürger Würzburgs waren um 7 Uhr auf dem Markt, der Domstraße, die Männer von auswärtigen Städten auf dem Judenplatz und das Landvolk auf dem Rennweg angetreten. Als erste Maßnahme schlugen die Henker 60 von ihnen auf der Stelle die Köpfe ab. Etwa 150 Bürger wurden gefangen gesetzt, 45 von ihnen auf die Burgverliese verbracht, darunter auch Tilman Riemenschneider und Martin Cronthal. Der Vorwurf lautete: Teilnahme und Förderung des Aufstandes, außerdem Weitergabe eines Gerüchts über Truppenzusammenziehung und Lagerung von Waffen durch den Bischof im Katzenwickerhof.

Wie uns Cronthal in seinem später verfassten Werk „Die Stadt Würzburg im Bauernkriege“ mitteilt, wurde Riemenschneider vom Henker hart gewogen und gemartert, das heißt an den auf den Rücken gebundenen Armen hochgezogen und gefoltert. Dass ihm dabei die Hände gebrochen wurden, wie immer wieder behauptet wird, trifft aber nicht zu.[89] Anderen erging es noch schlechter. Cronthal schreibt im gleichen Atemzug: *Aber hernieder in der Stadt wurden täglich viel geköpft.* So durfte Riemenschneider fast noch froh sein, nach acht Wochen bitterer und erniedrigender Gefangenschaft am 8. August wieder aus dem Kerker entlassen zu werden. Er, der jetzt ungefähr 65-Jährige, war ein durch die Ereignisse und die Haft gebrochener Mann. Auch wirtschaftlich sah er sich ruiniert. Der Bischof hatte einen großen Teil seines Vermögens beschlagnahmt, das heißt, sich einverleibt.

Den Rat der Stadt löste der „gnädige“ Herr auf, alle Befugnisse lagen nun in seiner Hand. Von Selbstverwaltung war nichts mehr geblieben.[90] Erst Ende 1525 setzte er wieder einen Rat ein, allerdings mit radikal verminderten Befugnissen. Riemenschneider und Cronthal erhielten keinen Sitz mehr in dem Gremium.

So schmählich endete das 21 Jahre dauernde politische Engagement unseres Bildschnitzers Meisters Til, der die höchsten Ämter in der Stadt bis hin zum älteren Bürgermeister bekleidet hatte. Sechs Jahre später, am Vorabend zu Kiliani, dem 7. Juli 1531, starb der „ersam und kunstreich Tilman Rimenschneider Bildhauer, burger zu Wurczburg, dem got gnedig sey. Amen." – so die vollständige Umschrift der Inschrift auf seiner Grabplatte. Er wurde auf dem Leichhof der Dompfarrei begraben. Im Laufe der Jahrhunderte verblasste die Erinnerung an ihn immer mehr, er verschwand aus dem Gedächtnis der Stadt. Sogar sein Name geriet in Vergessenheit. Erst im Jahr 1822, als man bei Straßenbauarbeiten seine Grabplatte fand, die heute in Kopie an der Nordfront des Domes angebracht ist, erblühte wieder die Neugier, welche Bewandtnis es mit dem Mann auf der Grabplatte hätte. Die nach dem Fund einsetzenden Forschungen beschäftigten und beschäftigen sich bis heute hauptsächlich mit seinem *künstlerischen Wirken*, das ihm den Ruhm als letzten großen Bildhauer der ausgehenden Gotik auf der Schwelle zur Frühen Neuzeit einbrachte. Die Darstellung und Würdigung seiner *kommunalpolitischen Laufbahn* ist bisher in der Literatur zu kurz gekommen.[91] Dies soll mit dem vorliegenden Büchlein nachgeholt werden.

Anmerkungen

1 Umschrift auf seiner Grabplatte. Kopie an der nördlichen Außenwand des Doms.

2 Sogar dem berühmten Riemenschneiderforscher Julius Bier unterläuft der Fehler, „schoßmeister", den Schießmeister, als Verwalter der Vermögenssteuer zu bezeichnen. Vgl. Bier, S. 4, Anm. 2.

3 Die Ratsprotokolle der Stadt Würzburg setzen mit dem Jahr 1432 ein und halten seitdem in fast ununterbrochener Folge bis heute in nahezu 500 Bänden die Beschlüsse des Stadtrates fest. Sie gehören damit zu den ältesten überlieferten Aufzeichnungen ihrer Art im deutschen Sprachraum.

4 Eine Beschreibung des Aussehens der Folianten findet sich in Schreiber/Schindler/Bergerhausen, S. XIIf.

5 Schreiber/Schindler/Bergerhausen: Würzburger Ratsprotokolle der Riemenschneiderzeit. Teil 1: 1504–1513, Würzburg 2020.

6 Stich, S. 141. Steidle, S. 32ff.

7 Dettelbacher 1974, S. 23ff., S. 29ff.

8 Ausführlich dazu Leng: Würzburger Städtekrieg.

9 Ausführlich dazu Abert: Aus der Geschichte der ersten Würzburger Universität.

10 Dettelbacher 1979, S. 28.

11 Kolb, S. 548. Memminger, S. 210f., S. 213. Siehe zum Ganzen: Götz, S. 149ff.

12 Seberich 1960, S. 49ff., der die Einwohnerzahl auf 7.000 schätzt.

13 Arnold, S. 108.

14 Lusin, S. 7–173.

15 *https://wuerzburgwiki.de/wiki/Domherrnhöfe-in-Würzburg.*

16 Erben, S. 6ff.

17 Es gab noch kein kodifiziertes Stadtrecht. Man griff daher auf Urkunden und auf die mündliche Rechtstradition, das sogenannte *alte Herkommen*, zurück.

18 Rund 640 Meter. Leider beschreibt der Stadtschreiber den Umfang der Arbeiten nur mit dieser Längenangabe. Ein Rückschluss auf die Quadratmeter der zu pflasternden Fläche ist daher nicht möglich.

19 Die Weinrufer riefen die aktuellen Weinpreise aus und machten „Reklame" für die ausschenkenden Gaststätten.

20 Seberich, Die Mainlande 1953, S. 81.

21 Die Roren mussten die Bürger 1525 als Strafe mitsamt der Mainmauer bis zur Wirsbergstraße und dem Pleidenturm abbrechen, weil sie von dort im Bauernkrieg das fürstbischöfliche Schloss beschossen hatten. Vgl. Seberich 1955, S. 199.

22 *https://wuerzburgwiki.de/wiki/Schneidturm* unter Hinweis auf Schöppner, Alexander: Die Eiserne Jungfrau im Schneidturm zu Würzburg, in: Sagenbuch der bayerischen Lande, I–III, Rieger, München 1852–1853 (Volksausgabe 1866), III, Nr. 982.

23 Dettelbacher 1983, S. 15–18. Engel, S. 79.

24 Seberich, Die Mainlande 1954, S. 10

25 Zum Ganzen: Seberich 1962, S. 61–222. Im Einzelnen S. 95ff. (Inneres Pleichacher Tor), S. 106ff. (Spitaltor), S. 114f. (Rennweger Schneller), S. 117f. (Stephanstor), S. 128ff. (Sander Tor), S. 150ff. (Tore im nordöstlichen Bering), S. 172ff. (Äußeres Pleichacher Tor), S. 164ff. (Schneidturm), S. 180f. (Ellentor), S. 197f. (Rennweger Tor), S. 202 (Konradstor), S. 203ff. (Mittelmauer mit Becken- und Teufelstor), S. 152ff. (Brückentore), S. 216ff. (Zeller und Telltor).

26 Seberich, Die Mainlande 1953, S. 82.

27 Zum Ganzen: Bechtold 1935, S. 1ff.

28 Zum Ganzen: Seberich 1962, S. 208ff.

29 Seberich 1962, S. 247ff.

30 Bechtold 1935, S. 161ff. Seberich 1962, S. 250f.

31 Überprüfung der Schlösser mit der Hand.

32 Es muss sich um einen Schreibfehler handeln, denn das Juliusspital wurde erst 1576 durch den Fürstbischof Julius Echter von Mespelbrunn gegründet.

33 Bechtold 1935, S. 162.

34 Seberich 1962, S. 250. Auch Bechtold 1935, S. 161.

35 Sprandel, S. 123ff.

36 Ediert in: Schreiber/Schindler/Bergerhausen, S. 627.

37 *https:/www.historisches-lexikon-bayern.de/Lexikon/Herzogswürde_fränkische*.ff.

38 Wendehorst, S. 258.

39 *https:/www.historisches-lexikon-bayern.de/Lexikon/Würzburg_Hochstift_Territorium_und_Struktur.*

40 Wagner, 2021.

41 Wendehorst, S. 259.

42 Bergerhausen, S. 63.

43 Götz, S. 173.

44 Nach Kalden-Rosenfeld, S. 21, sind in den Jahren von 1490 bis 1499 vier, von 1500 bis 1510 mindestens 14 und von 1511 bis 1524 weitere acht bis neun Gesellen greifbar.
45 Stadt Würzburg, Gleichstellungsstelle, S. 86.
46 Dort steht heute noch das Hotel Rebstock.
47 Bergerhausen, S. 26f.
48 Schmitt, S. 158.
49 Dettelbacher, 1979, S. 10ff.
50 Standort vielleicht in der Blasiusgasse.
51 Standort: Falkenhaus am Oberen Markt.
52 Freeden, S. 13. Muth 1982, S. 9. Dagegen Kalden-Rosenfeld, S. 19, die annimmt, dass Riemenschneider sogar Unterbergmeister des Bischofs und damit bischöflicher Hausgenosse gewesen ist.
53 Auf die ausführliche Darstellung von Wiesflecker, Hermann „Maximilian I." in: Neue Deutsche Bibliographie 16 (1990), S. 458–471 [Online-Version] und die überaus reichliche Literatur wird verwiesen.
54 Die den Körper bedeckende Rüstung.
55 Man befürchtete sehr, dass sich unter den ungebetenen Gästen auch Feuerleger befinden könnten.
56 Fremde zu beherbergen, war wohl üblich, denn es gab ja keine Hotels oder Pensionen.
57 Freeden, S. 13. Muth/Schneiders, S. 11.
58 Kirsch, S. 132 schließt aus dem Wortlaut des Ratsprotokolls sogar, dass Riemenschneider „bei Ankunft des Königs seinen wohlverdieneten Schlaf hielt". Er täuscht sich aber dabei über die Bedeutung der Formulierung *„uff die nacht"*. Der Stadtschreiber bezeichnet damit nämlich die frühen Abendstunden, nicht den begonnenen Morgen.
59 Die Abschrift ist von Engel veröffentlicht.
60 Engel, S. 66f.
61 Es muss sich um den Hof Teutleben gehandelt haben. Heute steht dort ein Wohnhaus in der Domerschulstraße 16.
62 Wohl Seligenstadt, Gemeindeteil der Stadt Dettelbach, Landkreis Kitzingen.
63 Ein Schuh maß etwa 30 cm. Hendges, S. 38.
64 Götz, S. 192, Anm. 584.
65 *http://www. mittelalter-lexikon.de/wiki/Metzger.*
66 Seberich, 1962, S. 202f.
67 Bechtold, 1935, S. 121.
68 Bergerhausen in: Schreiber/Schindler/Bergerhausen, S. 696.
69 Seberich, 1962, S. 84f.
70 Götz, S. 197, Anm. 618 und 619.

71 Seberich, 1962, S. 209.
72 Schich, 2001, S. 198.
73 Steidle/Weisner, S. 66–67. Dettelbacher, 1974, S. 51–53.
74 Schneider, W., S. 1f. und 4f.
75 Bier, S. 65–72.
76 Bier, S. 87–90. Schneider, W., S. 6.
77 Vgl. *http://de.wikipedia.org/wiki/Landshuter_Erbfolgekrieg.*
78 Cronthal, S. 62.
79 Ausführliche Darstellung bei Bechtold, 1935, S. 125–127.
80 *www.dhm.de/blog/2020/02/18von-spiessbürgern-und-vereinsmeiern- zur geschichte.*
81 Vgl. Schreiber/Schindler/Bergerhausen, S. 74ff.
82 Ausführliche Beschreibung der Aufgaben eines Spitalpflegers am Beispiel des Ratsherrn und Bürgermeister Paulus von Worms, der ab 1560 das Amt eines der beiden Spitalpfleger innehatte: Bergerhausen, S. 139–218.
83 So das neueste Forschungsergebnis. Braun, S. 284ff.
84 Zum bürgerspitälischen Dorf Laub vgl. Bergerhausen, S. 204–212 mit weiteren Literaturhinweisen.
85 Eine Burg oder Burganlage, in der, meist durch Erbteilung bedingt, mehrere Familien gleichzeitig wohnten. Oft hatte sich jede einzelne Familie ein eigenes Wohngebäude innerhalb der Ringmauer der Burg errichtet (*https://de.wikipedia.org/wiki/Ganerbenburg*).
86 Würzburger Chronik, S. 459f.
87 Würzburger Chronik, 610f.
88 Würzburger Chronik, S. 4. Berlichingen/Schramm, S. 113
89 Für alle: Meisner, Michael: Die zerbrochenen Hände, Tilman Riemenschneider und seine Zeit, Würzburg, 1978.
90 Wagner 1988, S. 99–119.
91 Am ausführlichsten noch Schneider, E., S. 80–86; leider mit kleinen Fehlern.

Literatur

Abert, Joseph Friedrich: Aus der Geschichte der ersten Würzburger Universität unter Bischof Johann von Egloffstein, Würzburg, 1923.

Arnold, Klaus: Im Ringen um die bürgerliche Freiheit. Die Stadt Würzburg im späten Mittelalter, in: Geschichte der Stadt Würzburg, Band I: Von den Anfängen bis zum Ausbruch des Bauernkriegs, hrsg. von Ulrich Wagner, Stuttgart 2001, S. 94–109.

Ders.: 1200 Jahre Weinbau in Würzburg. 779–1979. Herausgegeben von der Stadt Würzburg in Zusammenarbeit mit dem Fränkischen Weinbauverband e.V. Würzburg 1979.

Bechtold, A.: Gassenketten in Würzburg, in: Die Frankenwarte, Blätter für Heimatkunde, Beilage zum Würzburger Generalanzeiger Nr. 32 vom 9. August 1934.

Ders.: Kulturbilder aus dem alten Würzburg, Würzburg 1935.

Ders.: Aus dem alten Würzburg, Beiträge zur Kulturgeschichte der Stadt, Würzburg 1940.

Bergerhausen, Hans-Wolfgang: Paulus von Worms (gest. 1579). Ein Würzburger Ratsherr, Bürgermeister und Spitalpfleger in seiner Zeit, Würzburg 2021.

Berlichingen, Hans Frhr. von und Schramm, Heinz-Eugen: Lebensbeschreibung des Ritters Götz von Berlichingen mit der eisernen Hand, Nachdruck der Ausgabe von 1731, Frankfurt 1980.

Bier, Justus: Tilman Riemenschneider. Die frühen Werke. Würzburg 1925.

Braun, Rüdiger: Die Gründung des Neuen Spitals (Bürgerspital) in Würzburg vor 700 Jahren, in: Würzburger Diözesan-Geschichtsblätter, 78. Band, Würzburg 2015, S. 253ff.

Cronthal, Martin: Die Stadt Würzburg im Bauernkriege, herausgegeben von Michael Wieland, Würzburg 1887.

Dettelbacher, Werner: Würzburg – ein Gang durch seine Vergangenheit, Würzburg 1974.

Ders.: Die Alte Mainbrücke zu Würzburg. Geschichte und Geschichten, Würzburg 1983.

Engel, Wilhelm: Die Rats-Chronik der Stadt Würzburg (XV. und XVI. Jahrhundert), Quellen und Forschungen zur Geschichte des Bistums und Hochstifts Würzburg, hrsg. von Theodor Kramer, Band II, Würzburg 1950.

Erben, Marianne: Meister Til aus der Franziskanergasse, Würzburg 1996.

Freeden, Max H. von: Tilman Riemenschneider: Leben und Werk, München 1981.

Geschichte der Stadt Würzburg, Band I; Von den Anfängen bis zum Ausbruch des Bauernkriegs, hrsg. von Ulrich Wagner, Stuttgart 2001.

Götz, Hannelore: Würzburg im 16. Jahrhundert. Bürgerliche Vermögen und städtische Führungsschichten zwischen Bauernkrieg und fürstbischöflichem Absolutismus (Veröffentlichungen des Stadtarchivs Würzburg, Bd. 2), Würzburg 1986.

Hendges, Gabriele: Maße und Gewichte im Hochstift Würzburg vom 16.–18. Jahrhundert (Materialien zur bayerischen Landesgeschichte 8), München 1989.

Hoffmann, Hermann: Würzburgs Handel und Gewerbe im Mittelalter. I. Allgemeiner Teil, Kallmünz 1940.

Kalden-Rosenfeld, Iris: Tilman Riemenschneider und seine Werkstatt, Königstein im Taunus, 2001.

Kirsch, Hans-Christian: Tilman Riemenschneider. Ein deutsches Schicksal, München 1981.

Knapp, Hermann: Die Zenten des Hochstifts Würzburg, Berlin 1907.

Kolb, Peter: Das Spital- und Gesundheitswesen, in: Ulrich Wagner (Hrsg.), Geschichte der Stadt Würzburg, Bd. II: Vom Bauernkrieg 1525 bis zum Übergang an das Königreich Bayern 1814, Stuttgart 2004, S. 540–568.

Kopp, Walter: Würzburger Wehr. Eine Chronik zur Wehrgeschichte Würzburgs, in: Mainfränkische Studien 22, Würzburg 1979.

Leng, Rainer: Würzburger Städtekrieg/Schlacht von Bergtheim 1400 in: Historisches Lexikon Bayerns. München 2006.

Lusin, Jörg: Die Baugeschichte der Würzburger Domherrnhöfe, Würzburg 1984.

Lutz, Werner: Die Geschichte des Weinbaus in Würzburg im Mittelalter und in der Neuzeit bis 1800, in: Mainfränkische Hefte 43, Würzburg 1965.

Memminger, Thomas: Würzburgs Straßen und Bauten. Ein Beitrag zur Heimatkunde, Würzburg 1911.

Muth, Hanswernfried/Schneiders, Toni: Tilman Riemenschneider und seine Werke, Würzburg 1980.

Ders.: Tilman Riemenschneider – zu Leben und Werk in: Kataloge des Mainfränkischen Museums Würzburg, Band 1, Tilman Riemenschneider, Würzburg 1982.

Ders.: Ansichten der Stadt am Ende des Mittelalters, in: Geschichte der Stadt Würzburg, Band I: Von den Anfängen bis zum Ausbruch des Bauernkriegs, hrsg. von Ulrich Wagner, Stuttgart 2001, S. 211–216.

Schäffler, August/Henner, Theodor (Hrsg.): Lorenz Fries: Die Geschichte des Bauern-Krieges in Ostfranken, Erster Band, Würzburg 1883.

Schich, Winfried: Würzburg im Mittelalter, Studien zum Verhältnis von Topograhie und Bevölkerungsstruktur, Köln/Wien 1977.
Ders.: Die topographische Entwicklung Würzburgs im Hoch- und Spätmittelalter (1000–1400), in: Geschichte der Stadt Würzburg, Band I. Von den Anfängen bis zum Ausbruch des Bauernkriegs, hrsg von Ulrich Wagner, Stuttgart 2001, S. 183–210.
Schmitt, Alfred: Würzburg und der Wein, in: Höynck, Klaus/Papp von, Alexander: Würzburg 1300 Jahre Stadtleben-zwischen Bildung und Bürgertum, Kirche und Kultur –, Würzburg 2003, S. 158–163.
Schneider, Erich: Wer war Tilman Riemenschneider? Versuch einer biographischen Skizze, in: Mainfränkisches Jahrbuch 62 (2012), S. 61–90.
Schneider, Wolfgang: Marienkapelle Würzburg, Schnell Kunstführer Nr. 345, Regensburg 1994.
Schreiber, Uwe: Tilman Riemenschneider – Ratsherr und Bürgermeister. Ein Streifzug durch die Ratsprotokolle der Stadt Würzburg 1504–1525, Würzburg 2014.
Seberich, Franz: Tore und Türme im alten Würzburg, in: Die Mainlande, Jahrgang 1953 und 1954.
Ders.: Der topographische Gehalt der älteren Würzburger Stadtansichten, in: Mainfränkisches Jahrbuch 1955.
Ders.: Die Alte Mainbrücke zu Würzburg, in: Mainfränkische Hefte 31, Würzburg 1958.
Ders.: Die Einwohnerzahl Würzburgs in alter und neuer Zeit, in: Jahrbuch 1955 Mainfränkisches Jahrbuch 12, S. 49ff., Würzburg 1960.
Ders.: Die Stadtbefestigung Würzburgs, I. Teil: Die mittelalterliche Befestigung mit Mauern und Türmen, in: Mainfränkische Hefte 39, Würzburg 1962.
Sprandel, Rolf: Das Würzburger Ratsprotokoll des 15. Jahrhunderts, Würzburg 2003.
Stadt Würzburg, Gleichstellungsstelle für Frauen: Frauen in Würzburg, Würzburg 1996.
Steidle Hans/Weisner Christine: Würzburg, Streifzüge durch 13 Jahrhunderte Stadtgeschichte, Würzburg 1999.
Trüdinger, Karl: Stadt und Kirche im Spätmittelalterlichen Würzburg, Stuttgart 1978.
Wagner, Ulrich: Die Würzburger Stadtordnungen des Bischofs Conrad von Thüngen von 1525 und 1528, in: Würzburger Diözesan-Geschichtsblätter, 50. Band (1988), Würzburg 1988.
Ders.: Für den Bischof ging es um viel, in: Main-Post vom 6. November 2021.

Wendehorst, Alfred: Stadt und Kirche, in: Geschichte der Stadt Würzburg, Band I: Von den Anfängen bis zum Ausbruch des Bauernkriegs, hrsg. von Ulrich Wagner, Stuttgart 2001, S. 255–271.

Wieland, Martin (Hrsg.): Martin Cronthal: Die Stadt Würzburg im Bauernkrieg, Würzburg, 1887.

Willoweit, Dietmar: Stadtverfassung und Gerichtswesen im mittelalterlichen Würzburg, in: Geschichte der Stadt Würzburg, Band I, Stuttgart 2001, S. 233–249.

Würzburger Chronik. Geschichte, Namen, Geschlecht, Leben, Thaten und Absterben der Bichöfe von Würzburg und Herzoge zu Franken, 2. Band, Würzburg 1924.